Adolf Martin Ritter

Dionys vom Areopag

Tria Corda

Jenaer Vorlesungen zu Judentum,
Antike und Christentum

Herausgegeben von

Karl-Wilhelm Niebuhr, Matthias Perkams
und Meinolf Vielberg

10

Adolf Martin Ritter

Dionys vom Areopag

Beiträge zu Werk und Wirkung eines philosophierenden Christen der Spätantike

Mohr Siebeck

Adolf Martin Ritter, geboren 1933; Studium der Ev. Theologie in Marburg, Heidelberg, Göttingen und Athen; 1962 Promotion; 1970 Habilitation; seit 1981 Ordinarius für Historische Theologie in Heidelberg; seit 1999 emeritiert; 2000 Dr. h.c. Cluj-Napoca (Klausenburg); 2002 Dr. h.c. Oradea (Großwardein).
orcid.org/0000-0003-0507-3391

ISBN 978-3-16-155625-8 / eISBN 978-3-16-156145-0
DOI 10.1628/978-3-16-156145-0

ISSN 1865-5629 / eISSN 2569-4510 (Tria Corda)

Die Deutsche Nationalbibliothek verzeichnet diese Publikation in der Deutschen Nationalbibliographie; detaillierte bibliographische Daten sind im Internet über *http://dnb.dnb.de* abrufbar.

Das Buch wurde von Gulde Druck in Tübingen gesetzt, auf alterungsbeständiges Werkdruckpapier gedruckt und von der Buchbinderei Nädele in Nehren gebunden.

Printed in Germany.

Inhalt

Vorwort

Über die Einladung, die *Tria Corda*-Vorlesungen 2016 in Jena zu übernehmen, habe ich mich sehr gefreut und darum spontan zugesagt, obwohl es mir im ‚Ruhestand' an Arbeit keineswegs mangelt. Ich habe die Jenaer Universität um diese Einrichtung immer beneidet. Und es bedeutete und bedeutet mir viel, dabei mitzuwirken, eine Tradition fortzusetzen, die *aller Ehren wert* ist.

Einer meiner Vorgänger bei diesen Vorlesungen, der Judaist P. Schäfer, hat ähnlich „begeistert" der Einladung nach Jena zugestimmt. Und er begründete das so: die Disziplinen, die sich allesamt „mit den gewaltigen und weitreichenden Umbrüchen in den ersten Jahrhunderten christlicher Zeitrechnung befassen", hätten in der Vergangenheit leider „weitgehend unabhängig voneinander gearbeitet", „in stolzer Selbstgenügsamkeit ihrer eigenen Wissenschaftstradition verpflichtet und allzu oft in Unkenntnis dessen, was sich auf den anderen Gebieten abspielt. Ein Musterbeispiel für diesen beklagenswerten Zustand" seien „die Alte Kirchengeschichte und die Judaistik mit dem Schwerpunkt des rabbinischen Judentums". Die Jenaer Vorlesungsreihe aber habe sich zum Glück „zum Ziel gesetzt, genau diesem Missstand abzuhelfen und die Disziplinen in ein fruchtbares Gespräch miteinander zu bringen".[1]

---

[1] P. Schäfer (2010), VII. Die vollständigen bibliographischen Angaben finden sich wie bei allen anderen mehrfach genannten Titeln in der Schlussbibliographie (S. 171 ff.).

Ich empfinde das ebenfalls als ein Glück, meine nur, dass der Zustand, was mein (Schwerpunkt-)Fach, die Alte Kirchengeschichte, anlangt, nicht mehr ganz so „beklagenswert“ ist. Erlebnisse wie das im Folgenden erinnerte stehen mir dabei vor Augen: Als sich im August 2011 in Oxford die „16. International Conference on Patristic Studies“ versammelte, hielt auf Einladung der Organisatoren den Eröffnungsvortrag (Inaugural lecture), wie üblich auf der Kanzel John Henry Newmans in der (wie zu dessen Zeiten vollbesetzten) Oxforder Universitätskirche (St. Mary the Virgin), Guy G. Stroumsa von der Hebrew University in Jerusalem. Sein Thema war „Athens, Jerusalem and Mecca. The Patristic crucible of the Abrahamic religions“. Auf demselben Kongress wurde auch beschlossen, das anstehende 50jährige Jubiläum der „Association International des Études Patristiques (AIEP)“ mit einem Kongress in der Hebräischen Universität zu Jerusalem, auf deren Einladung hin, zu begehen, was auch geschah. Mir war in Jerusalem der Vortrag über „Die Anfänge der AIEP“ anvertraut worden. Ich hatte dabei vielfach Gelegenheit, mich auf die wunderbare, ungeheuer eindrucksvolle *lecture* des jüdischen Kollegen zu beziehen, bis hin zu den Schlussüberlegungen, in denen ich die Frage stellte: „What could be the relevance of such a retrospect? My answer, starting for a last time with a quotation from G. Stroumsa's Oxford lecture (2011): ‚We come from many different cultural, intellectual, linguistic and religious backgrounds …‘, which is true also for this Jerusalem conference and marks its main difference from the origins of AIEP, a difference we have to consider however not as a pity, but as an unmerited chance and challenge or, better, as a divine grace, after all: to participate in a conference on patristic studies as guests of the Hebrew University – unfortunately, it is true, not (yet) including Muslim scholars! Further progresses, so my second final remark – not only as far as the ecumenical relations (between Christians and Christian churches) are concerned, but also regarding the interreligious dialogue (between the three Abrahamic and other religions) depend upon a better knowledge of each other and an increasing ability and willingness to rejoice with the other at his achievements and to mourn with him for his losses."[2] – Jedermann verstand, was mit den „Verlusten" gemeint sein mochte. Und: nicht an Islamwissenschaftlern, wohl aber an kompetenten muslimischen Gesprächspartnern fehlte – und fehlt – es, nach wie vor, nicht nur in Jerusalem.

Ich bin den Verantwortlichen nicht zuletzt sehr dankbar dafür, dass sie meinem Vorschlag zugestimmt haben, die gesamte diesjährige *Tria Corda*-Vorlesungsreihe einem einzigen Autor und Werk zu widmen, dabei freilich den Gesamtbereich des Verhältnisses von Christentum, paganer Kultur und Judentum zu berühren. Denn was das Thema Werk und Wirkung des (Pseudo-)Areopagiten (in Zukunft abgekürzt DA) betrifft, bin ich noch immer „hungrig", neugierig und lernbereit.

Eine weitere, eher Formales betreffende Vorbemerkung: Wer sich in der Literatur zu unserem Themenbereich umsieht, ist leicht verwirrt ob des anscheinend beliebigen Gebrauchs von griechischer (Dionysios Are[i]opagites) oder lateinischer Namensform unseres Autors (Dionysius Areopagita) – oder aber einer – unbefriedigenden – Mixtur von beidem (wie bei Automobil). Ich entscheide mich in der Regel für die lateinische Form, einfach aus der kulturgeschichtlichen Erwägung heraus, dass sein Werk in unseren Breiten um Jahrhunderte früher in lateinischer Überset-

---

[2] Stroumsa (2013), *passim;* Ritter (2015), *passim.*

zung wahrgenommen wurde als im griechischen Original. Doch hat auch das seine Tücken. Weil es sich im Einzelfall schwer entscheiden lässt, für wen das gilt und für wen nicht, dass ein Autor und sein Werk in Westeuropa bedeutend früher in lateinischer Übersetzung als im griechischen Original wahrgenommen wurde, halte ich mich hier, außer in Zitaten, an die Regel, alle griechischen Autoren mit ihrer griechischen, alle lateinischen mit ihrer lateinischen Namensform zu zitieren, es sei denn, es stünde eine Eindeutschung zu Gebote, wie „Dionys vom Areopag".

Noch mehr bedarf der Vorverständigung etwas anderes. Für manchen am Forschungsgespräch über unseren Autor Beteiligten scheint es eine Grundsatz-, fast eine Glaubensfrage zu sein,[3] ob im Hinblick auf diesen von „Pseudo"-zu sprechen sei oder nicht. Nachdem vor über 120 Jahren wohl der definitive Beweis erbracht wurde, dass unsere Schriftensammlung unmöglich von einem Zeitgenossen der Apostel verfasst sein könne, war es jahrzehntelang üblich, von *Pseudo*-Dionysios Areopagites und seinem Werk als Corpus *Pseudo*-Dionysiacum (oder *Pseudo*-Areopagiticum) zu sprechen. Anders der neuerdings wieder üblich werdende Sprachgebrauch, bei dem – vermutlich aus ganz unterschiedlichen Motiven – auf das „Pseudo-" bewusst verzichtet wird. Ich habe damit gar keine Probleme, bevorzuge allerdings für gewöhnlich, da der Autor möglicherweise[4] wirklich „Dionys" geheißen hat, von ihm als „D. Ps.-Areopagites" zu sprechen. Dabei liegt mir jeder Gedanke daran fern, wir hätten es in seinem Fall mit einem Betrü-

[3] In diesem Sinne äußerte sich jüngst wieder u.a. Drews (2011), 21–36.

[4] Aber das ist tatsächlich nur eine Möglichkeit. Es könnte genau so gut sein, dass auch das „Dionys" zur vom Autor gewählten Fiktion gehört!

ger, einem Fälscher zu tun, der beabsichtigte, sein Schrifttum künstlich „aufzuwerten“,[5] so dass es darauf ankäme, ihm die Maske vom Gesicht zu reißen.[6] Sondern, wie es in der Wissenschaft allgemein üblich ist, beispielsweise den unbekannten Verfasser der mindestens noch im Mittelalter so wirkungsmächtigen Schrift *De mundo* (Περὶ κόσμου) als Ps.-Aristoteles zu bezeichnen, genau so möchte ich damit lediglich zum Ausdruck bringen, dass das in Rede stehende *corpus* von Schriften nicht dem Autor angehören kann, dem es eine Jahrhunderte alte Überlieferung – in einem Prozess, der uns ziemlich genau vor Augen liegt[7] – zuschrieb. So zu reden, hat in meinen Augen darüber hinaus den Vorteil, dass die Autoren- und die Interpretenperspektive jederzeit unterscheidbar bleiben. Aber das ist für mich eine reine Ermessensfrage; und ich räume gern ein, dass das Pseudonym „Dionys vom Areopag“ nicht beliebig gewählt ist, sondern einen wichtigen Hinweis auf die Intention des ganzen Wer-

---

[5] Gegen FLASCH (2013), 88: „Mit dieser Fiktion spekulierte der Verfasser auf erhöhtes Prestige, was sich in Ost und West bald auch einstellte.“

[6] Darauf lief die Stiglmayr-Kochsche Kritik noch für v. BALTHASAR (1969), 147 f., hinaus, was vor allem in der englischsprachigen Dionysliteratur bis heute Anklang findet. Dergleichen lag (und liegt) freilich auch K. Flasch völlig fern. Wohl aber waren anfangs, nicht nur bei den beiden Forschern, die vor über 120 Jahren endgültig den Beweis erbrachten, der Autor des „areopagitischen“ Schrifttums könne erst der Zeit um 500 n.Chr., nicht aber dem apostolischen Zeitalter angehören, solche Töne durchaus üblich (vgl. meinen Überblick über die Forschungsgeschichte in der Gesamteinleitung zur kommentierten Übersetzungsausgabe der Werke des „Areopagiten“ [RITTER (1994), 1–53, bes. 7 f.).

[7] Vgl. RITTER (1994), 1–4. In diesem Falle hätte freilich der unbekannte Autor seiner Identifizierung mit „Dionys vom Areopag“ wirkungsvoll vorgearbeitet (vgl. ebenda 2 f. 21–23), was jedoch hermeneutisch ernstgenommen und nicht als „Betrug“ verdächtigt werden will!

kes in sich schließt. Nur der Einfachheit halber rede ich übrigens wie von Dionys (DA), so auch von *Corpus Dionysiacum* (CD) oder *Corpus Areopagiticum* (CA), und die Leserinnen und Leser denken sich bei letzterem, wenn sie mögen, aber auch nur dann, An- und Ausführungszeichen dazu.

Ich danke den für die *Tria Corda*-Vorlesungen verantwortlichen Kolleginnen und Kollegen in Jena herzlich für überaus freundlichen Empfang und lehrreichen Austausch, auch nachträglich, im Blick auf die Druckvorbeitung der Jenaer Texte; hier bin ich besonders Herrn Kollegen M. Perkams zu großem Dank verpflichtet. Dank gebührt erst recht dem Verein der Freunde und Förderer der Friedrich-Schiller-Universität Jena sowie den Herausgebern der Reihe *Tria corda*, die sich mit mir an dem unvermeidlichen Druckkostenzuschuss beteiligten. Dank sei endlich den Herren Dr. H. Ziebritzki und K. Hermannstädter vom Verlag Mohr Siebeck für gewohnt angenehme Zusammenarbeit und Frau Ilse König von der Herstellung für professionelle Betreuung bei der Drucklegung gesagt.

Neckargemünd, September 2018 Adolf Martin Ritter

I.

Das Werk – Datierung, Ursprungsmilieu, Inhalt

Die Schriftensammlung, mit der wir es in diesem Band von Anfang bis Ende zu tun haben, hat jenen Unbekannten zum Autor, der sich bis zum heutigen Tage erfolgreich hinter dem Pseudonym „Dionys vom Areopag“ (DA) verbirgt. Es war schon um ihrer außergewöhnlichen wirkungsgeschichtlichen Bedeutung willen, aber nicht allein deswegen naheliegend, sich auch im Rahmen der Jenaer *Tria Corda*-Vorlesungen einmal eingehender mit ihr zu befassen. Die Sammlung enthält folgende, ursprünglich in griechischer Sprache abgefassten und darin auch reichhaltig überlieferten Traktate: „Über die Namen Gottes“ (*De divinis nominibus* [DN]), „Über die himmlische Hierarchie“ (*De coelesti hierarchia* [CH]), „Über die kirchliche Hierarchie“ (*De ecclesiastica hierarchia* [EH]), „Über mystische Theologie“ (*De mystica theologia* [MTh]) und 10 „Briefe“ (*Epistulae* [Ep. 1–10]).

Gewohnte Verstehenshilfen wie Bildungsgang, Persönlichkeit und Lebensumstände des Verfassers stehen in diesem Fall nur ganz begrenzt zu Gebote, eben weil dessen Person, Identität und entsprechend auch Lebensführung für uns fast völlig im Dunkeln liegen. Zwar scheint der im Text*corpus* selbst, im Unterschied zu den überlieferten, meist sekundären Traktattiteln und -untertiteln, nur an einer einzigen Stelle auftauchende Name „Dionysios“ (vgl. Ep. 7, 3; 170, 4 Ritter) eine ausdrückliche „Selbstzuweisung“ des Autors zu sein; doch ist das alles andere als sicher. Ansonsten aber zog er sich in ein bis heute undurchdringliches Dunkel zurück. Aus diesem trat dann freilich ein Werk ans Licht, das sich im Lauf der Zeit als eines der wirkungsmächtigsten unter sämtlichen uns bekannten theologisch-philosophischen Entwürfen erweisen sollte.[1]

Die gleichsam ‚biographische‘ Grundlage für diesen Erfolg hat der Autor selbst gelegt, indem er durch Einfügung ‚zeitgeschichtlichen‘ Materials den Eindruck erweckte (und wohl auch zu erwecken suchte), als sei er ein Zeitgenosse der Apostel. So will er beispielsweise mit Aposteln und vor allem Apostelschülern (Timotheus z.B.) korrespondiert haben.[2] Auch hat er angeblich in der „Sonnenstadt“ (Heliopolis), welcher auch immer, in Gesellschaft anderer die beim Tode Jesu eingetretene Sonnenfinsternis (Mt 27, 45 par.) beobachtet (Ep. 7, 2; 169, 1–10 Ritter) und ist u.a. mit dem Erzapostel Petrus sowie dem Herrenbruder („Gottesbruder“ [ἀδελφόθεος]) Jakobus zusammengetroffen, zur Betrachtung des „lebenspendenden und Gott aufnehmenden Leibes“ (ἐπὶ τὴν θέαν τοῦ ζωαρχικοῦ καὶ θεοδόχου σώματος [DN 3, 2; 141, 7f. Suchla]; vgl. 2, 11 [136, 18f.]), womit der Leib Jesu gemeint sein dürfte, nicht der der „Gottesmutter“ Maria anlässlich ihres „Entschlafens“. So aber hat man die Szene alsbald interpretiert und in Werken der bildenden Kunst oft genug dargestellt.[3] Was Wunder,

---

[1] Vgl. Suchla (2002), 202.

[2] S. unten die Übersicht über das Brief*corpus*.

[3] Vgl. Brons (1975), 117–119; Suchla im kritischen App. der von ihr herausgegebenen Textausgabe (Suchla [1990]) sowie in ihrem Kommentar (Suchla [1988]) jeweils zur Stelle; vgl. auch Ritter (1995), 173–75, und zuletzt Schomakers (2017), 194–196. Anders Y. de Andia in ihrer zweisprachigen Ausgabe von DN (de Andia [SC 578]), 420f., Anm. 1, die aber immerhin die alternative, auch durch Parallelen bei

wenn sich, gleichsam im Handumdrehen, seine Identifizierung mit dem aus der lukanischen Apostelgeschichte (Apg 17, 34) ‚bekannten', von Paulus bekehrten „Dionys vom Areopag" durchsetzte.[4] Diese Identifizierung blieb auch bis in die Zeit der Renaissance im wesentlichen unangefochten in Geltung und verschaffte seinem Schrifttum ein quasi-apostolisches Ansehen.

Etwas mehr ist aufgrund der in den letzten Jahrzehnten unternommenen gründlichen Werkanalysen und der Erforschung der historischen Umwelt über Datierung und Milieu zu sagen, dem dieses *corpus*, seinem Ursprung nach, zugehört. Und zwar ist nach gegenwärtigem Erkenntnisstand (West-)Syrien-Palästina als Heimat des CA anzu-

---

Gregor von Nyssa (s. den krit. App. bei Suchla [1990], 141), und vor allem durch den Sprachgebrauch des Autors gestützte Interpretation für möglich hält (164), genau so wie umgekehrt der älteste Scholiast (Johannes von Skythopolis) die mariologische Deutung als eine Möglichkeit betrachtete, mehr nicht (s. Suchla [2011], 202 f.: Ζωαρχικὸν καὶ θεοδόχον σῶμα ἴσως τὸ τῆς θεοτόκου λέγει τότε κοιμηθείσης). Er hat sich offenbar so wenig wie moderne Anhänger seiner Interpretation klar gemacht, dass ζωαρχικός bei DA immer als Gottesattribut verstanden ist und θεοδόχος sonst nie in spezifisch mariologischem Zusammenhang begegnet, sondern ganz allgemein die – in abgestufter Weise – Engeln wie Menschen verliehene Fähigkeit bezeichnet, Gott zu empfangen, ihn in sich aufzunehmen (vgl. bes. Ep. 8, 2; 180, 11–181, 9 Ritter, und im übrigen das griechische Register, PTS 67, s. v. θεοδόχος und θεοδοχία). Diesen Leib, den des „Gottmenschen", zu schauen, bedarf es freilich für DA des übersinnlichen, intelligiblen Blicks!

[4] Dass er, wie man immer wieder lesen kann, der einzige Zuhörer des Paulus in Athen gewesen wäre, den dieser bekehrte (so etwa Flasch [2013], 88), übertreibt die ‚Erfolglosigkeit' des Apostels doch ein wenig. Vielmehr heißt es an der zitierten Bibelstelle, unserer einzigen Quelle, in Luthers (korrekter) Übersetzung: „Einige Männer aber schlossen sich ihm an und wurden gläubig; unter ihnen war auch Dionysius, einer aus dem Rat (Areopag), und eine Frau mit Namen Damaris und andere mit ihnen."

nehmen.[5] Darauf deutet zum einen hin, dass die darin enthaltenen Liturgieerklärungen mehrere Besonderheiten des syrisch-antiochenischen Ritus widerspiegeln;[6] zum andern, dass das *corpus* möglicherweise unmittelbar nach seiner Abfassung (zwischen 437/485 und 518/528) durch Sergios von Rēš'ainā ins Syrische übersetzt worden ist.[7] Für syrischen Ursprung der ‚Areopagitica' – geographisch, nicht sprachlich gesehen – sprechen ferner der benutzte Bibeltext und Bibelkanon, nicht zuletzt, was das *corpus* der Paulusbriefe anbelangt,[8] sowie die Tatsache, dass sich das ‚areopagitische' Schrifttum inhaltlich am ehesten einem gemäßigt ‚mono'- bzw. ‚miaphysitischen' Milieu (dazu gleich mehr) zuordnen lässt, wie es in der in Frage kommenden Zeit und Umgebung z.B. von Severos von Antiochien repräsentiert wird. Anhaltspunkte dafür sind die bereits erwähnte Be-

---

[5] Vgl. Suchla (2008), 23f.

[6] Z.B. die durch Petros den „Walker" (Πέτρος ὁ Γναφεύς) 476 in die syro-antiochenische Messliturgie eingeführte Rezitation des „nizänischen" (richtiger: nizänokonstantinopolitanischen) Glaubenssymbols (EH 3, 7 [87, 24ff. Heil]; vgl. dazu den Bericht bei Theodoros Anagnostes, ed. G.C. Hansen [GCS] 118, 27f.) oder den ebenfalls durch Petros eingeführten Ritus zur Myronweihe (CH 2, 5 [15, 16 Heil]; EH 2, 7 [72, 14f.; 73, 5]; 2, Theoria 8 [78, 14]; 4 [95, 4–103, 18]; 5, 1 [104, 3]; 3 [106, 19f.]; 5 [107, 25; 108, 2]; 7, Theoria 9 [130, 2]6).

[7] Vgl. dazu Wiessner (1972). – Als Zeitraum, in dem das CA frühestens abgefasst sein kann, kommen die Jahre 437–485 in Frage; 437 stieg Proklos (geb. 410) nach dem Tod seines Mentors Syrian zum Haupt der Athener Akademie auf und blieb es bis zu seinem Tod (485). Zwischen 518 und 528 muss es spätestens fertiggestellt gewesen sein, da auf diese Zeit bereits die Übersetzung durch Sergios anzusetzen ist. Es gibt jedoch Berührungspunkte auch mit dem Werk des letzten Schulhauptes der Athener Akademie, Damaskios, die für eine möglichst späte Datierung des CA (um 520) sprechen (vgl. unten, Anhang, S. 163, 168f.).

[8] Vgl. Ritter (1994), 24, mit Berufung auf Bauer (1903); dazu allerdings Mali (1997), 165f. 246f.

zeichnung des leiblichen Bruders Jesu, Jakobus, als ἀδελφόθεος[9] („Gottesbruder") oder die Rede von einem „irgendwie (oder: ganz und gar) neuartigen, (eben) gottmenschlichen Wirken" (Ep. 4; 161, 9f. Ritter: καινήν τινα τὴν θεανδρικὴν ἐνέργειαν[10]) und der „Gottbildung (θεοπλαστία) Jesu" (DN 2, 9; 133, 5f. Suchla). Das klang – und klingt vereinzelt noch heute – in mancher Ohren verdächtig nach einer „Ein-Naturen"-Christologie („Mono"- bzw. „Miaphysitismus"), die von der uneingeschränkten Dominanz des Göttlichen in Wesen und Erscheinung des inkarnierten („fleischgewordenen") göttlichen Logos (Joh 1, 14) ausgeht, im Gegensatz zu der dann im Römischen Reich maßgeblich gewordenen „Zwei-Naturen"-Christologie des Konzils von Chalkedon (451), nach der der Inkarnierte, wiewohl als „ein und derselbe Christus, Sohn, Eingeborene" zu bekennen, zugleich „wahrhaft Gott und wahrhaft Mensch" (*vere deus et vere homo*) ist. Und wie zur Bestätigung des Verdachts finden sich bei einem so entschiedenen Antichalkedonenser wie Severos denn auch, in einigen seiner zwischen 518 und 528 entstandenen Schriften, die ersten uns bekannten Zitate aus dem *corpus*.[11] Endlich muss

---

[9] ἀδελφόθεος, nach dem Onomastikon des Lexikographen Iulius Pollux (Buch 3, 22, 1) neben θεῖος, πατράδελφος und πάτρως Bezeichnung für den „Onkel väterlicherseits", ist in einem ganz anderen Sinne, abgesehen von einem, allerdings kaum sicher datierbaren, Chrysostomos zugeschriebenen Text (*De paen., sermo* 1 [PG 60, 685, 29]), erstmals bei DA bezeugt; es bezeichnet hier den „Gottesbruder" Jakobus. Fortan ist es in dieser Bedeutung in byzantinischer Literatur, beginnend mit Maximos dem Bekenner, geläufig, und zwar immer in Verbindung mit dem Herrenbruder Jakobus.

[10] Vgl. die Übersetzung bei Grillmeier in: Hainthaler (2002), 344 mit Anm. 178.

[11] Vgl. *Sever. Antioch., Ep.* 3 *ad Ioan. Higum.* [510?]; *adv. Apolog. Iuliani* [518/528]; *c. additiones* und dazu Stiglmayr (1894/95), 3–96.

der unbekannte, wohl auch des Syrischen mächtige[12] Autor, zumindest für längere Zeit, in einem Milieu gelebt haben, in dem es ihm möglich war, tiefer in Gedanken- und Sprachwelt des Proklos und anderer Neuplatoniker einzutauchen, ja, sogar noch eine „last minute acquisition" der, 529 geschlossenen, Athener Akademie aufzuschnappen.[13] Dabei handelt es sich um die von DA aus dem Neuplatonismus aufgenommene Vorstellung von Gott als dem „(selbst) alles Nichtwissen Übersteigenden" (ὑπεράγνωστος; vgl. MTh 1, 1 [141, 3 Ritter]; DN I, 4. 5; II, 4 [115, 13; 116, 11; 126, 9 Suchla]), die nach Lodewijk H. Grondijs[14] noch nicht bei Proklos, wohl aber bei Damaskios zu finden ist; diesem sehen auch John M. Rist[15] und nach ihm Salvatore Lilla[16] DA in manchem näherstehen als Proklos, z. B. bezüglich der Unbegreiflichkeit Gottes oder des Einen (τὸ ἕν). All das wäre etwa im Umkreis der Schule von Caesarea Maritima bzw. Caesarea Palaestinae gut denkbar, über deren Gepräge im Einflussbereich *alexandrinischer* Philosophie sich noch ein halbwegs klares Bild gewinnen lässt.[17]

---

[12] Vgl. Ritter (1994), 127 f. (= Anm. 58 zum Brief*corpus*).

[13] Vgl. Ritter (1994), 10, Anm 29. Doch nach Mainoldi (2017) gehen die Berührungspunkte mit dem Schrifttum des Damaskios weit darüber hinaus.

[14] Grondijs (1962), 325.

[15] Rist (1964), 137.

[16] Lilla (1997), 135 ff.

[17] Zum Gepräge der Schule von Alexandria in der Spätantike und zu ihrem Verhältnis zur Athener Akademie vgl. den von mir mitverfassten Überblicksparagraphen über „Die neuplatonischen Schulen von Athen und Alexandrien" in: C. Riedweg u. a. (Hgg. [2018]), § 146, mit weiterer Literatur (vor allem Vinzent [2000] und Watts [2006], *passim*). Nach S. Hausammann gehörte der Verfasser womöglich einer monastischen Gemeinschaft in Palästina an, welche *auch* spezifisch *ost*syrische Traditionen fortführte „und sich damit ihre Offenheit gegenüber einer neuplatonischen Hermeneutik und einer evagrisch-ori-

Und nun zum *Werk* selbst: Zu den Besonderheiten seiner ungewöhnlich reichhaltigen handschriftlichen Überlieferung[18] – nach neuestem Erkenntnisstand gibt es mehr als 540 griechische Handschriften, die das CA, direkt oder indirekt, bezeugen[19] – gehört, wie bereits J. Stiglmayr[20] richtig feststellte, ihre Geschlossenheit. Keine der Einzelschriften hat unseres Wissens je einen anderen Verfassernamen getragen als den des DA; fast alle sind gleichzeitig bekannt geworden, und von späteren Bearbeitungen fehlt in der handschriftlichen Überlieferung, selbst der, älteren, syrischen, jede Spur. Das ist, wie man inzwischen zu wissen glaubt, in erster Linie dem Umstand zu verdanken, dass Johannes von Skythopolis, dem heutigen Bet Shean, ca. 25 km südlich des Sees Genezareth, Bischof dieser Stadt zwischen 536 u. 553, in gefahrvoller Situation den areopagitischen Traktaten als Redaktor und Kommentator hilfreich zur Seite trat.[21] All das heißt aber wohl auch, dass es andere ‚*Areopagitica*' als die uns überlieferten, *und wären sie selbst im CA erwähnt*,[22] aller Wahrscheinlichkeit nach nie gege-

---

genistischen Bibelauslegung bewahrte" (HAUSAMMANN [2004], 110f.); doch ist das alles andere als sicher, aus mehreren Gründen nicht einmal besonders wahrscheinlich.

[18] S. dazu bes. B.R. Suchlas Einleitung in die Gesamtausgabe des CA (SUCHLA [Hg. (1990)], bes. 14–35).

[19] SUCHLA (2008), 70.

[20] STIGLMAYR (1894/1895), 90.

[21] Vgl. unten S. 19–22.

[22] Wie die „Theologischen Skizzen" (θεολογικαὶ ὑποτυπώσεις [DN 1, 1. 5; 2, 1. 3. 7; 11, 5 (107, 3; 116, 7; 122, 11; 125, 13f.; 130, 15; 221, 11 Suchla); MTh 3 (146, 1. 9; 147, 5 Ritter)]) oder die „Symbolische Theologie" (Συμβολικὴ θεολογία [DN 1, 8; 4, 5; 9, 5; 13, 4 (121, 3; 149, 9; 211, 9; 231, 8); CH 15, 6 (56, 1 Heil); MTh 3 (146, 11; 147, 6f.); Ep. 9, 1. 6 (193, 5; 207, 4)]).

ben hat.[23] Geschlossen ist die Überlieferung des CA endlich auch insofern, als die Einzelschriften allermeist in ein und derselben Reihenfolge überliefert werden, in der sie auch im folgenden kurz vorgestellt seien:[24]

1. „Über die Namen Gottes“ (Περὶ θείων ὀνομάτων). Es ist dies die längste, 13 Kapitel umfassende Einzelschrift des CA, fast so umfangreich wie die übrigen Dionysschriften zusammen.[25] Sie enthält, von der Welt der reinen „Geister“ oder „Intelligenzen“ (νόες) zu den „wohltätigen Hervorgängen (πρόοδοι)“, also Emanationen oder, besser, Manifestationen, Ausstrahlungen Gottes als „des Ursprungs allen Vergotte(twerde)ns“ ([τῶν θεουμένων] θεαρχία) selbst emporsteigend (DN 1, 3. 4 [112, 1. 8f. Suchla]), die Gotteslehre des Autors. Diese wird entwickelt als ontologische Interpretation der (zumeist[26]) in der Bibel Gott

---

[23] Anders Mali (1997), bes. 114–120, nach dem Vorgang u. a. von v. Balthasar (1962), bes. 158–167; dass weitere unter dem Namen des DA im Umlauf befindliche, in der maßgeblich gewordenen Redaktion des Johannes von Skythopolis, aus welchen Gründen auch immer, jedoch unberücksichtigt gebliebene, durchweg kurze, Stücke echt sein könnten, hält auch B.R. Suchla nicht länger für undenkbar (Suchla [2008], 60f. mit 211f.).

[24] Zu einer abweichenden Reihenfolge, nach der MTh als Scharnier zwischen DN einerseits, CH und EH andererseits zu verstehen und demgemäß einzuordnen wäre, vgl. vor allem Rorem (1984), 117–131, mit der Kritik von E. Mühlenberg, ThLZ 111 (1986) 365–367.

[25] Vgl. dazu jetzt außer der Monographie von C. Schäfer (2006) auch die in der Hauptsache auf DN basierende Nachzeichnung der dionysianischen „philosophischen Theologie“ in Teil III der Synthese von Suchla (2008), 89–128 (ausführliche Inhaltsangabe von DN ebd., 251–257); ferner die zweibändige kommentierte Übersetzungsausgabe, zusammen mit dem kritischen Text von B.R. Suchla, in der Reihe „Sources Chrétiennes“ (SC 578. 579), erarbeitet durch die ebenfalls ausgewiesene DA-Kennerin Y. de Andia (de Andia [2016]).

[26] Die nächste Quelle der in Kap. 9 aufgeführten und besprochenen Gottesprädikationen ist sicher Platon, *Parm.* 127cff., oder, richtiger,

beigelegten Namen und Prädikate, im Sinne und als Folge seiner Erkennbarkeit aus dem ontologischen System seiner Schöpfung heraus;[27] es sind, nach einer methodologischen Einleitung und Prolepse des Ganzen (Kap. 1–3), die Gottesprädikationen des „Guten" (ἀγαθωνυμία [4]), des „Seins" (οὐσιωνυμία [5]), des „(ewigen) Lebens" (ζωὴ ἡ αἰώνιος [6]), der „Weisheit" (σοφία [7]), „Kraft" (δύναμις), „Gerechtigkeit" (δικαιοσύνη), des „Heils" (σωτηρία) und der „Erlösung" (ἀπολύτρωσις [8]), „Größe" und „Kleinheit" (τὸ μέγα – τὸ μικρόν), „Identität" und „Differenz" (ταὐτὸν – τὸ ἕτερον), des „Ähnlichen" und „Unähnlichen" (τὸ ὅμοιον – τὸ ἀνόμοιον), des „Bleibens (Verharrens)" und der „Bewegung" (στάσις – κίνησις [9]), des Allmächtigen" und „Alten der Tage" (παντοκράτωρ – παλαιὸς ἡμερῶν [10]), des „Friedens" (εἰρήνη [11]), des „Heiligen der Heiligen", „Königs der Könige", „Herrn der Herren" und „Gottes der Götter" (ἅγιος τῶν ἁγίων, βασιλεὺς τῶν βασιλευόντων, κύριος τῶν κυρίων, θεὸς τῶν θεῶν [12]) und endlich, als krönenden Abschlusses, des „Vollkommenen" und „Einen" (τέλειον – ἕν [13]). Es sei, stellt der Autor eingangs fest, zu unterscheiden zwischen Aussagen über Gottes Wesen und solchen über sein Wirken (zwischen θεολογία und οἰκονομία, wie die spätere byzantinische Theologie zu sagen pflegte). Wesensaussagen von Gott zu machen sei uns versagt, weil Gott wesenhaft unerkennbar und daher namenlos sei (1, 4. 5 [115, 6–118, 1]). Wolle man dennoch zu Wesensaussagen über Gott gelangen, so könne das nur auf zweierlei Weise

---

Proklos in seinem Parmenideskommentar, in der Behandlung der zweiten Hypothese des platonischen Dialogs (Schomakers/Steel [2016], 236); was DA hierzu an biblischen Anklängen namhaft macht, wirkt eher gesucht.

[27] Suchla (2004), 314. Zu anderen Gliederungsvorschlägen – einschließlich eines eigenen – s. de Andia (2016), 20–30.

geschehen: entweder in negativen Beschreibungen wie der, dass Gott „jeder Beschaffenheit und Bewegung ..., jeder Setzung und Einung, Grenze und Unendlichkeit sowie allem, was existiert, *über*weit entrückt" (πάσης ἕξεως, κινήσεως ..., ἱδρύσεως, ἑνώσεως, πέρατος, ἀπειρίας, ἁπάντων, ὅσα ὄντα ἐστίν, ὑπεροχικῶς ἀφῃρημένην) ist (ibid. 5 [117, 8–119]), oder aber mittels „geeigneter Symbole" im Hinblick auf das Göttliche (ibid. 4 [115, 6]: οἰκείοις ... εἰς τὰ θεῖα συμβόλοις). Aussagen über Gottes Wirken seien dagegen möglich, ja in der Bibel offenbart. Diesen geoffenbarten intelligiblen Benennungen des Wirkens Gottes solle denn auch die Untersuchung von DN gewidmet sein, während die Behandlung der symbolisch-bildhaften Umschreibungen des Wesens Gottes der, wohl fiktiven, „Symbolischen Theologie" vorbehalten bleibe (ibid. 8 [120, 9–121, 3]). Dabei ergibt sich für ihn, dass die intelligiblen Benennungen des Wirkens Gottes in zwei große Gruppen zerfallen: die erste umfasst jene, die Gott in seiner Einheit oder Einung (ἕνωσις), die zweite, die ihn in seiner trinitarischen Unterschiedenheit (διάκρισις) betreffen (2, 4 [126, 4]). Die Gottes Einheit betreffenden Namen beziehen sich auf die eine und ganze Gottheit, nicht auf die einzelnen göttlichen „Personen" oder „Hypostasen": Vater, Sohn und Geist. Es sind dies u.a. solche, die wir durch „gesteigerte Abstraktion" (ὑπεροχικὴ ἀφαίρεσις) gewinnen, indem wir zur Aussage gelangen, dass Gott das „*Über*gute, Übergöttliche, Überwesentliche (d.h. mehr als [nur] Seiende), Überlebendige, Überweise" (τὸ ὑπεράγαθον, τὸ ὑπέρθεον, τὸ ὑπερούσιον, τὸ ὑπέρζωον, τὸ ὑπέρσοφον) ist. Oder es sind solche, die wir von Gott aussagen, weil er die Ursache für all das ist, was die „Namen" ausdrücken. Es handelt sich dabei, in der Begrifflichkeit des Autors, um die „ätiologischen Benennungen" (τὰ αἰτιολογικὰ [ὀνόματα]): also die

Prädizierungen Gottes als „des Guten, Schönen, Seienden, Lebenerzeugenden, Weisen und all dessen, was infolge seiner dem Guten geziemenden Gaben als Ursache aller Wohltaten bezeichnet wird". Die Gott in seiner trinitarischen Unterschiedenheit betreffenden Namen hingegen beziehen sich auf die „Personen" (das griech. πρόσωπον kommt bei DA freilich mit Bezug auf die Unterscheidungen in Gott nie vor!) oder „Hypostasen" und dürfen nur von diesen ausgesagt werden, gelten also nicht von der gesamten Gottheit unterschiedslos (ibid. 3 [125, 13–126, 2]).

Im Zusammenhang der Behandlung des „Guten als wesenhaft Guten" (τἀγαθὸν ὡς οὐσιῶδες ἀγαθόν) und damit des eigentlichen Gottesnamens (ibid. 4 [143, 9–180, 7]) geht der Autor auch auf die naheliegende Frage nach dem Ursprung des Bösen ein (ibid. 4, 17 ff. [162, 1 ff.]). Er beantwortet sie in einer Weise, die nach verbreiteter Auffassung, seine Abhängigkeit von Proklos ebenso deutlich werden lässt wie die Verschiedenheit des gewonnenen Ergebnisses.[28] Indessen gibt der schiere Textvergleich zwischen den betreffenden Paragraphen von DN 4 und dem Bezugstext des Proklos, *De malorum subsistentia*, eine solche Einschätzung auch nach meinem Dafürhalten schwerlich her, lässt auf Seiten des DA vielmehr „eine nahezu völlig von Proklus abhängige Metaphysik des Übels als Gegenbild zur neuplatonischen Ontologie des Guten" erkennen.[29]

---

[28] In diesem Sinne plädierten etwa MÜHLENBERG (1969); C. SCHÄFER (2002); C. SCHÄFER (2006), 133–153, bes. 160; SUCHLA, Corpus Dionysiacum I (1990), 19 f.; SUCHLA (2008), 103–105.

[29] K. RIESENHUBER, Art. Malum, V. Patristik und Mittelalter, in: HWbPh 5, 1980, 670; STEEL (1997), 89–116, führt dies in der Appendix (105 ff.) jedermann vor Augen, und WEAR/DILLON (2007), 75–84, sowie PERCZEL, in: SEGONDS/STEEL (Hgg. [2000]), 491 f., aber auch,

2. „Über die himmlische Hierarchie" (Περὶ τῆς οὐρανίας ἱεραρχίας). In dieser Schrift werden, in 15 Kapiteln, die über die Bibel verstreuten Namen und Klassen der Engel oder ([über-]himmlischen) Geistwesen zusammengetragen. Aus dem Material wird sodann eine „Hierarchie" der Engelwelt entworfen. Dabei wurde das griech. ἱεραρχία, welches im Unterschied zu dem vereinzelt schon vorher begegnenden Begriff „Hierarch" (ἱεράρχης) wohl als Wortschöpfung des DA,[30] und zwar als diejenige mit der größten Nachwirkung, anzusehen ist, später gewiss vor allem als „Gewalt über die geheiligten Dinge" verstanden. Bei DA selbst aber wird man, ähnlich wie bei zahlreichen analogen Zusammensetzungen (wie θεαρχία, ἀγαθαρχία *et cetera*), von der Grundbedeutung des „Ursprungs" auszugehen haben. In diesem Fall ginge es um den Ursprung der, in einer Stufenpyramide von oben nach unten verlaufenden, Heiligungsprozesse. Man kann also ἱ. übersetzen mit: „Heiligungsprinzip". Erst in zweiter Linie muss man den, allerdings von DA durchaus kräftig betonten, Gedanken der „Rangordnung" mitschwingen sehen.

Das alles entspricht der gleichsam ‚klassischen' Definition DAs in CH 3,1 (17,3–5 Heil):

Hierarchie ist meines Erachtens eine geheiligte Ordnung, Wissenschaft und Wirksamkeit, sich Gottes Art, soweit möglich, angleichend und, entsprechend den ihr von Seiten Gottes eingegebenen Erleuchtungen, zur Nachahmung Gottes erhebend (Ἔστι μὲν ἱεραρχία κατ' ἐμὲ τάξις ἱερὰ καὶ ἐπιστήμη καὶ ἐνέργεια πρὸς τὸ θεοειδὲς ὡς ἐφικτὸν ἀφομοιουμένη καὶ πρὸς τὰς ἐνδιδομένας αὐτῇ θεόθεν ἐλλάμψεις ἀναλόγως ἐπὶ τὸ θεομίμητον ἀναγομένη).

---

wenn ich recht sehe, DE ANDIA (2016), SC 578, 84–88, geben ihm darin weitgehend recht.

[30] Vgl. WEAR/DILLON (2007), 56.

Dabei gliedert sich für DA die „himmlische Hierarchie" in drei – wiederum in je drei Ordnungen unterteilte – Ränge, die sich – entsprechend dem Dreischritt von „Reinigung" (κάθαρσις), „Erleuchtung" (φωτισμός) und „Vollendung" (τελείωσις) (CH 3, 2. 3 [19, 6f. 15f. u.ö. Heil]) oder „Einung" (ἕνωσις) – einander über- und unterordnen, so dass die „Erleuchtungen des Vergottungsprinzips" (θεαρχία) dem mittleren Rang zufließen, der, sowohl aufnehmend wie mitteilend, sie darauf dem dritten, nur mehr empfangenden weitergibt (8, 1 [33, 26–34, 2]; vgl. auch 3, 3 und 7, 2 [19, 9–20, 2; 28, 13–29, 24]). Der oberste Rang, dessen Vorzug in seiner Gottunmittelbarkeit besteht und dem daraus die besondere Aufgabe des „Einweihens" (τελεσιουργεῖν) gegenüber den nächst folgenden Rängen (vgl. 3, 3 [19, 19] u.ö.) erwächst, unterteilt sich in „Seraphen", „Cheruben" und „Throne", der zweite in „Herrschaften", „Mächte" und „Gewalten", der dritte in „Fürstentümer", „Erzengel" und „Engel" (im engeren Sinne). Das nämlich habe das göttliche Ordnungsprinzip (θεία ταξιαρχία) ganz allgemein in gottgeziemender Weise als Gesetz aufgerichtet: „dass das jeweils Zweite mittels des je Ersten an den Erleuchtungen des Vergottungsprinzips teilhabe" (8, 2 [34, 14–16]).

3. „Über die kirchliche Hierarchie" (Περὶ τῆς ἐκκλησιαστικῆς ἱεραρχίας[31]). *Nach* der „Himmlischen Hierarchie" verfasst (EH 1, 2 [64, 15–65, 1 Heil]) und sieben Kapitel enthaltend, knüpft diese Schrift an die Vorgängerin insofern an, als sie die dort beschriebenen Strukturen des nur geistig erfassbaren (intelligiblen) Bereichs auf den sinnlich erfassbaren (sensiblen) überträgt. Die darin waltende,

[31] Vgl. dazu nach und neben Rorem (1984), passim, und Golitzin (1994), passim, jetzt vor allem die Monographie von Stock (2008), passim; ein ausführlicher Kommentar zu EH findet sich ebenda, 36–94.

wiederum hierarchisch strukturierte, Ordnung biete sich unserem Blick „in einer Fülle mannigfaltiger einzelner sinnlich fassbarer Symbole" dar, „die uns im Sinne der Hierarchie nach Maßgabe unseres Erkenntnisvermögens zu einer Gottwerdung nach Art des Einen (ἐπὶ τὴν ἑνοειδῆ θέωσιν) emporführen" (ibid. [65, 10–13]). Es ist, werden wir bedeutet, der „menschlichen" oder „kirchlichen Hierarchie" eigentümlich, dass sie im Unterschied zur himmlischen nur aus zwei Rängen zu je drei Ordnungen bestehe: zum einen aus dem (in Kap. 5 besprochenen) Rang der einweihenden oder „hieratischen" Ordnungen, d.h. der des „Hierarchen" (= Bischofs), der der „Priester" (ἱερεῖς = Presbyter) und der der „Liturgen" (λειτουργοί [= Diakone]), und zum andern dem Rang der „Weiheempfänger" (τελούμενοι), d.h. der Ordnungen der „Therapeuten" (= Mönche), des „heiligen Volkes" und der „Stände der Reinigung" (= Katechumenen und Büßer); von diesen ist in Kap. 6 die Rede, während Kap. 7, das auf den ersten Anblick reichlich „angehängt und heterogen" wirkt,[32] von Bestattung und Kindertaufe handelt. Allerdings ordnen sich den beiden, jeweils in Dreiergruppen aufgebauten, lehrenden und untergebenen Ständen die „heiligen Handlungen" (ἱερουργίαι) der „Weihen" (τελεταί) zu, wir würden sagen: der Sakramente, und das wiederum in einem aufsteigenden Dreischritt von Taufe (φωτισμός), Eucharistie (σύναξις) und Myron (μύρον).[33] Deren Riten werden in Kap. 2–4 eingehend, unter der Überschrift μυστήριον, beschrieben und anschließend „geistlich" gedeutet (θεωρία). „Auf diese Weise" sei „die Hierarchie bei uns (sc. die menschliche oder kirchliche H.),

---

[32] Stock (2008), 86; vgl. aber ihre tiefer schürfende Analyse (ebenda, 86–94).

[33] Hier nicht gleichbedeutend mit Firmung! Es geht um die Weihe des Myron*öls*, nicht die sakramentale Salbung mit diesem.

weil durch die von Gott überlieferten Ordnungen in geheiligter Weise gegliedert, den himmlischen Hierarchien gleichgestaltig" und bewahre „deren Gott nachahmenden, gottähnlichen *Züge*, *so*weit es unter Menschen (möglich)" sei (6, θεωρία 5. 6 [119, 12–15]).

4. „Über die mystische Theologie" (Περὶ τῆς μυστικῆς θεολογίας[34]). Von der Mehrzahl der Briefe abgesehen, handelt es sich hierbei zwar um die kürzeste Einzelschrift des CA. Sprachlich betrachtet aber ist es wohl das schönste und, wirkungsgeschichtlich, fast das wichtigste unter allen ‚*Areopagitica*'. Wie bereits die nicht zuletzt an Platon und erst recht an Proklos gemahnende Gebetsanrufung des Anfangs (MTh 1, 1 [141, 3–142, 4 Ritter][35]) anklingen lässt, beschreibt MTh in besonders dichter, eindringlicher Diktion die absolute Welt*über*legenheit Gottes. Nur indem man den Sinneswahrnehmungen (αἰσθήσεις) ebenso den Abschied gebe wie den Verstandesregungen (νοεραὶ ἐνέργειαι) und stattdessen auf nicht-erkenntnismäßigem Wege (ἀγνώστως), so viel als irgend möglich (ὡς ἐφικτόν), zur Einung mit dem emporstrebe, der alles Sein und Erkennen übersteige, nur

---

[34] Vgl. dazu neben meiner kommentierten Übersetzung (Ritter [1994]) sowie der von de Andia (2016 [SC 579]), 191–315, bes. 287ff., jetzt Teil I der gesammelten Dionys-Studien von P. Rorem (Rorem [2015]), überschrieben „An Introduction to Pseudo-Dionysius by Way of The Mystical Theology" (3–57), mit englischer Übersetzung und Kommentierung der einzelnen Kapitel. Als Übersetzung wurde die von C. Luibheid (1987 in der Reihe „Classics of Western Spirituality" in der Paulist Press/New York erschienen) benutzt; daran geübte Kritik (u.a. von mir in dem Beitrag Ritter [1995], 178f.) blieb unberücksichtigt.

[35] Vgl. dazu u.a. Ritter (2000); ferner die Erläuterungen in den kommentierten Übersetzungen von Ritter (1994) und de Andia (2016), SC 579. sowie im Kommentar von Rorem (2015), Teil I, jeweils zur Stelle.

indem man sich bedingungslos und uneingeschränkt seiner selbst wie der Dingwelt in Reinheit entäußere, (nur so) bestehe die Aussicht, „zum überseienden Strahl des göttlichen Dunkels (πρὸς τὸν ὑπερούσιον τοῦ θείου σκότους ἀκτῖνα) emporgetragen" zu werden, alles loslassend (πάντα ἀφελὼν) und von allem losgelöst" (ibid., 142, 5–11[36]). Der Nachwelt haben, wie es scheint, besonderen Eindruck gemacht der Gedanke des „Erkennens *durch* Nichterkennen" (ibid. 1, 1–3; 2 [142, 5–145, 14]), die Unterscheidung zwischen „kataphatischer" und „apophatischer", affirmativer und negativer Theologie, also bejahenden und verneinenden Gottesprädikationen und deren wechselseitige Zuordnung (ibid. 3 [146,1–147,21]); endlich die Überzeugung, je weiter unsere Rede von Gott „von unten her zum Transzendenten" emporgelange, desto mehr büße sie an „Umfang" ein (συστέλλεται). Sei das Ende des Aufstiegs erreicht, werde unsere Rede vollends verstummen und „mit dem ganz eins werden, der unaussprechlich ist" (ἑνωθήσεται τῷ ἀφθέγκτῳ [ibid. (147, 10–14)]).

5. „Verschiedene Briefe" (Ἐπιστολαὶ διάφοροι), zehn an der Zahl. Schon die Briefadressaten lassen bei den Lesern keinen Zweifel daran aufkommen, in welche Zeit sie sich im Moment versetzt finden (sollen); handelt es sich doch dabei – mit zwei Ausnahmen (Ep. 5 und 8) – um aus dem NT bzw. der ältesten christlichen Literatur bekannte Namen: So(si)pater, Polykarp, Titus und Johannes, d.h. den (wie in der Alten Kirche üblich, mit dem Seher von Patmos [vgl. Apk 1,9] identifizierten) vierten Evangelisten. In den Briefen selbst werden dazu noch der Kreter Karpos und der Paulusmitarbeiter Timotheus (Adressat sämtlicher Ps.-*Areopagitica*, mit Ausnahme der Briefe!) erwähnt, ferner die (aus

[36] Vgl. Plotin, *enn.* V 3, 17; VI 8, 21 (ἄφελε πάντα)!

Clemens von Alexandrien bei Euseb, Kirchengeschichte III 23, 1, ‚bekannte') Freilassung des Seher-Evangelisten aus dem patmischen Gefängnis und seine Rückkehr zu apostolisch-missionarischem Wirken nach Kleinasien ‚prophezeit' (Ep. 10 [209, 11–210, 4 Ritter]). Überhaupt hat der ganze letzte Brief anscheinend kaum eine andere Funktion (und im Grunde auch kaum einen anderen Inhalt), als den Verfasser in die Zeit und den Kreis der Apostel zu versetzen und seine absolute Vertrauenswürdigkeit damit zu bekräftigen. Eine der beiden Ausnahmen von der Regel, nur aus dem NT oder der „Apostolischen Väter"-Literatur bekannte Namen in den Briefadressen zu berücksichtigen, betrifft Brief 8, gerichtet an den (unbekannten) „Therapeuten" (= Mönch) Demophilos.[37] Der Brief fällt auch sonst aus dem Rahmen, nicht nur um seines ungewöhnlichen Umfangs, sondern auch um dessentwillen, dass er die kunstvoll eingehaltene aufsteigende Linie bezüglich des hierarchischen Rangs der Adressaten jäh unterbricht (Epp. 1–4 sind an einem Mönch, 5 an einen Diakon, 6 an einen Presbyter, 7 und 9 an einen Bischof und endlich 10 an einen Apostel gerichtet; vgl. zu dieser Rangfolge außer EH noch Ep. 8, 4 [183, 11–13]). Das passt auch vortrefflich zu seinem Inhalt: eine gravierende Ordnungswidrigkeit und Kompetenzüberschreitung seitens eines Mönchs veranlasst DA zu einer ebenso massiven wie wortreich vorgetragenen Apotheose der bischöflich-hierarchischen Macht.[38] Ansonsten werden in den Briefen bereits aus den übrigen *Areopagitica* bekannte Themen aufgegriffen und vertieft (vgl. bes. den

[37] Anders Mali (1997), 252–258, der in diesem Pseudonym eine mögliche Anspielung auf den Kol 4, 14 und II Tim 4, 10 erwähnten zeitweiligen Paulusschüler Demas sieht.

[38] Vgl. dazu bes. die Monographie von Goltz (1974); ferner Ritter (2007) sowie unten, Kap. III (S. 69 ff., bes. 85–95).

engen Anschluss von Ep. 1–5 an MTh 5 und 1), bis auf das des respektvollen Umgangs mit einer anderen Religion (θρησκεία) oder Weltanschauung („Meinung“ [δόξα]: Ep. 6 [164, 1–10]), mit anderen Worten der Irenik im Verhältnis zwischen Christen und ‚Heiden‘ (Ἕλληνες [Ep. 7; 165–170]), ein Thema, das dem Verfasser sichtlich am Herzen liegt. „In Sanftmut“, findet er, solle die Wahrheit der christlichen Religion „in Erfahrung zu bringen sein“ (πραέως μαθεῖν), „(jene Wahrheit), die alle Weisheit übertrifft“ (ibid. 3 [170, 7 f.]).

II.

Hauptstationen seiner Rezeptionsgeschichte in „Ost" und „West"

Im vorigen Kapitel war anfangs, kurz, auch von der „aussergewöhnlichen wirkungsgeschichtlichen Bedeutung" des *Corpus Areopagiticum* (CA) die Rede. Sie allein lege es nahe – zumal in einem Rahmen wie dem der Jenaer *Tria Corda*-Vorlesungen –, sich mit dieser Sammlung von DA zugeschriebenen Schriften näher zu befassen. Hier nun gilt es als Erstes zu klären, unter welchen *Voraussetzungen* dies *corpus* seinen „Siegeszug" antrat.

Dieser Siegeszug verlief in „Ost" und „West"[1] durchaus unterschiedlich, bei gemeinsamem Ausgangspunkt allerdings, wie sich von selbst versteht. Den Ausgangspunkt bildeten weniger die „nackten" Texte der Dionys-Schriften selbst als vielmehr

Das Kommentarwerk des Johannes von Skythopolis

Dieser Johannes ist für die Zeit zwischen 536 und ca. 548 als Bischof von Skythopolis in Palästina und zuvor als Anwalt

[1] Beides hier in antikem Sinne verstanden, also, grob gesprochen: im Bereich des ehemaligen oströmisch-byzantinischen Reiches samt dessen östlichen und südöstlichen Nachbarn auf der einen, in West- und Nordeuropa sowie Nordafrika auf der anderen Seite.

(σχολαστικός oder δικολόγος) dortselbst bezeugt.[2] Von seinem, nur wenige Kilometer von Caesarea am Meer entfernten, Bischofssitz aus hatte er verfolgen können, wie der Streit um den hochberühmten, aber auch vielumstrittenen Theologen Origenes (gest. 254 n.Chr.), von Palästina ausgehend, an Kaiser Justinian I. herangetragen und – nicht zuletzt von diesem – entschieden wurde. Daraufhin begannen er oder ein um ihn versammelter Gelehrtenkreis das gleichermaßen gefährdete Schrifttum des DA zu redigieren. Er selbst kommentierte es darüber hinaus in ‚orthodoxem' Sinne[3] durch Scholien, d.h. kurze Wort- und Sacherklärungen, im Unterschied zu einem fortlaufenden, mehr oder weniger umfangreichen Kommentar, versah es mit einem Prolog (Vorwort) und vereinigte es mitsamt Prolog und Scholienkommentar zu einem geschlossenen Ganzen.[4] Nicht zuletzt die Einbettung in dieses *corpus* hat nun – neben der angeblichen zeitlichen Apostelnähe – den Dionysschriften ihr überragendes Ansehen eingetragen. Johannes begegnete nämlich in Prolog und Scholien dem Vorwurf, es handele sich darin um pagane (‚heidnische') Philosophie. Und allein schon mit der Anordnung der Schriften nahm er eine Werkinterpretation in diesem Sinne vor.

Zu Beginn und am Ende seines Prologs (97f. 108f. Suchla) beruft er sich auf die Areopag-Rede des Apostels Paulus (Act 17, 16–34) und lässt allein durch diesen geschickten Einsatz, erst recht natürlich durch die Weise, wie er diesen

---

[2] Vgl. die Einzelnachweise bei Rorem/Lamoreaux (1998), 23–27.

[3] Dem sind besonders die Beobachtungen von Rorem (1997) gewidmet.

[4] Prologtext jetzt in: Suchla (Hg. [2011]), 97–109; eine gründliche Analyse mit Berücksichtigung des Zeithintergrundes bot dieselbe bereits in einer früheren Veröffentlichung (Suchla [1995], 13–19); vollständige Übersetzung des Prologs bei Suchla (2008), 187–194.

Rahmen ausfüllt, den halbwegs informierten Leser dreierlei erkennen oder doch zumindest erahnen: Es sei, erstens, die Funktion der paulinischen Areopag-Rede im Rahmen der Apostelgeschichte, die über den ursprünglichen geschichtlichen Augenblick hinausweisende Bedeutung der beschriebenen Szene zu betonen. Lukas habe mit Athen als philosophischem Zentrum der heidnischen Welt schlechthin und dem Athener Areopag als weithin bekanntem Symbol einer sachgemäßen Konfliktlösung den bedeutungsvollsten Ort für die Auseinandersetzung des Christentums mit griechischem Denken überhaupt gewählt. Und seine Absicht sei es gewesen, diese Auseinandersetzung an Paulus als dem Heidenapostel zu exemplifizieren. Reihe sich dann aber nicht DA mit seinen Traktaten einfach in eine ‚übergeschichtliche' paulinische Tradition ein? Wenn, zweitens, Platon die Unerkennbarkeit und Unaussagbarkeit Gottes reflektiere und Proklos als bedeutungsvollste areopagitische Quelle sich als Bewahrer dieses platonischen Denkens verstanden habe, wie bereits aus dem Titel seiner Hauptschrift (‚Platonische Theologie') erhelle, und auf der anderen Seite der Apostel Paulus den „unbekannten Gott" (ἄγνωστος θεός) der Athener, und das heißt auch: Platons und seines Bewahrers Proklos, als den Gott der Christen identifiziert habe, indem er formulierte: „Was ihr verehrt, ohne es zu kennen, *das* verkünde ich euch" (ὃ οὖν ἀγνοοῦντες εὐσεβεῖτε, τοῦτο ἐγὼ καταγγέλλω ὑμῖν [Act 17, 23]), habe dann DA nicht das Gleiche tun dürfen, ja müssen? Wenn, drittens, die paulinische Auseinandersetzung mit dem heidnischen „unbekannten Gott" zugleich als ein christliches Missionsprogramm begriffen werden dürfe, mit dem der Versuch unternommen wurde, griechisches Denken christlich zu deuten, und es DA, so die Überzeugung des Scholiasten, fraglos gelang, platonisches Denken in die Inhalte der christlichen Lehre zu integrieren, befinde er sich dann nicht in der Nachfolge des Apostels Paulus? Kurzum, so das Fazit, das Johannes im vorletzten Abschnitt seines Prologes zieht: Wenn DA sich griechischen Denkens bediene (ἐχρήσατο), dann tue er damit nichts Abwegiges oder gar Verbotenes (οὐδὲν ἀπεικός). Denn auch der gottgeliebte Apostel Paulus habe dasselbe getan und ebenfalls „die Aussagen der Griechen *gebraucht*".[5]

Diesem Prolog des Skythopolitaners zu seinem Scholienwerk sind nun in einigen Handschriften noch zwei Scholien eines Unbekannten ein- bzw. angefügt worden. Womöglich sind sie dem bedeutenden alexandrinischen Philosophen Johannes Philoponos zuzuschreiben, einem Christen, der übrigens nur unwesentlich jünger gewesen wäre als der Bischof von Skythopolis. Sie sind in jedem Fall ein weiterer Beweis dafür, dass schon frühzeitig des DA Autor- und Zeitgenossenschaft mit den Aposteln ins Gerede kam, so dass sich der Anonymus zu einer eindeutigen Stellungnahme bemüßigt fühlte. Er verteidigt darin das CA gegen den Vorwurf seiner Abhängigkeit von griechischer Philosophie, speziell von Proklos, indem er den Spieß gewissermaßen umdreht und die Priorität des Dionys behauptet. Es seien die heidnischen Philosophen der apostolischen Zeit gewesen, die die Schriften des ‚Areopagiten' an sich gebracht und auf deren Basis den Neuplatonismus entwickelt hätten. Dabei sei schließlich Proklos der unverschämteste ‚Abschreiber' [Plagiator] gewesen! Dieser arglistige Verstoß gegen das ‚Urheberrecht', sozusagen, sei nun (wohlbemerkt im 6. Jahrhundert) durch das allgemeine Bekanntwerden der *Areopagitica* ‚entlarvt' worden. Damit wird also ein ‚Topos', der schon damals gern erhobene Vorwurf

---

[5] SUCHLA (1995), 14–17.

des Plagiates nämlich, ins Spiel gebracht, und zwar in der Form, dass auf die Parallele: Platon – Mose (Stichwort: Platon als „Attisch sprechender Mose“ [Μω(υ)σῆς ἀττικίζων]) erst gar nicht ausdrücklich verwiesen zu werden brauchte. Sie spielte ja im traditionellen „Altersbeweis“ für das Judentum und damit, indirekt, auch für das Christentum eine überragende Rolle und konnte mithin als sattsam bekannt gelten.[6] Gestützt wird das Ganze durch den anschließenden „Nachweis“ der Zeitgenossenschaft des DA mit den Aposteln mithilfe des im CA, zumal in den Briefen, verstreuten „zeitgeschichtlichen“ Details.[7]

Historisch wirksam geworden sind diese Schriften, wie B. R. Suchla bewiesen haben dürfte, ausschließlich gemeinsam mit Prolog und Scholien des Johannes von Skythopolis als ihren ständigen Begleitern. Dem ist es wohl hauptsächlich zuzuschreiben, dass diese Schriften alle Widrigkeiten unbeschadet überstanden und Zweifel an ihrer „Apostolizität“, im oben genannten Sinne, und damit auch an ihrer Priorität gegenüber Proklos und anderen in Frage kommenden Neuplatonikern jahrhundertelang allenfalls hinter vorgehaltener Hand geäußert wurden.[8] Noch im abendländischen Spätmittelalter ließ sich einer der bekanntesten Vertreter des Renaissance-Humanismus, Marsilio Ficino (1433–1499), um mich auf dieses eine Beispiel zu beschränken, nicht in seiner Überzeugung von der Apostelschüler-

---

6 Vgl. dazu bes. PILHOFER (1990), *passim*, sowie zum Motiv des „Diebstahls der Hellenen“ und zur Beziehung Plato – Mose DÖRRIE (1990), 12–20 (Texte und Übersetzungen). 236–246 (Kommentar); 190–218 (Texte und Übersetzungen). 480–505 (Kommentar).

7 Wie der Korrespondenz mit Aposteln und vor allem Apostelschülern sowie der Augenzeugenschaft für die Sonnenfinsternis während der Kreuzigung Jesu (vgl. Mt 27, 45 par.) etc.; vgl. oben S. 2 mit Anm. 3.

8 S. dazu meine Gesamteinleitung zum CA (RITTER [1994]), 4 f.

schaft des DA beirren, trotz des auch ihn irritierenden „Schweigens“ beispielsweise Augustins über das CA und der von L. Valla u. a. geäußerten Zweifel. Es hing allem Anschein nach einfach zu viel für ihn daran! Wichtig und willkommen war in seinen Augen besonders, dass es sich beim Verf. des CA um einen Theologen handelte, der „erst Platoniker“ war „und dann Christ“ (*platonicus primo ac deinde Christianus*).[9] Das war von ihm schwerlich wertend, geschweige denn abwertend gemeint, wie es oft genug verstanden wurde. *Primo* und *deinde* sind vielmehr rein temporal zu verstehen. Und es ist ja nicht gut zu bestreiten, dass der Dionysios von Act 17, 34 erst in einem Alter, in dem man allein Mitglied des athenischen Areopag geworden sein kann, zum christlichen Glauben bekehrt wurde. Ging man aber einmal, wie Ficino und die Tradition von Johannes von Skythopolis (und – möglicherwseise – seinem Namensvetter mit dem Beinamen Philoponos) her von der sozusagen ‚verkehrten‘ Chronologie aus und las die kaiserzeitlichen Platoniker (Numenios, Ammonios, Plotin, Amelios, Jamblich und Proklos) unter Ficinos Voraussetzung, dass sie ihre Schriften, wie er sagt, in Kenntnis des „Johannesevangeliums und der Bücher des Dionys“ verfasst haben,[10] so lässt sich die außerordentliche Hochschätzung durchaus nachvollziehen, die dieser Humanist dem ‚Areopagiten‘ entgegenbrachte. Er war für ihn nicht nur „unser Dionys“ (*Dionysius noster*), sondern auch der „Gipfel unter den Platonikern“ (*Platonicorum summus*)[11] und „Erste“ unter ihnen (*Platonicorum primus*),[12] ja „unbestreitbar“ ihr „Fürst“

[9] Opera, Basel 1561, 758.
[10] Ebenda, 956; vgl. 25.
[11] Ebenda, 921.
[12] Ebenda, 965.

(*Platonicorum facile princeps*).[13] Und so konnte er denn ausrufen: „Ich liebe Plato in Jamblich, ich bewundere ihn in Plotin, aber ich verehre ihn (*veneror*) in Dionys“.[14]

Die Rezeption des CA im „Osten“

Zwei namhafte (byzantinisch-)orthodoxe[15] DA-Forscher, A. Louth (Patristiker in Durham, UK) und, besonders nachdrücklich, A. Golitzin, bis zu seiner Wahl als Bischof in den USA im Jahre 2012 mehr als 20 Jahre lang Patristiker an der Marquette University in Milwaukee/Wi., vertreten seit langem die These, die wirkliche Heimat des DA liege im ‚Osten‘, zumal in Byzanz, auch und gerade wirkungsgeschichtlich gesehen.[16] Ich dagegen bin seit fast eben so

[13] Ebenda, 1013.

[14] Ebenda, 925.

[15] Darunter verstehe ich Angehörige jener Nationalkirchen, die von Byzanz aus missioniert worden sind und untereinander und mit dem Patriarchat von Konstantinopel/Istambul in voller Kirchengemeinschaft stehen (wie z. B. die Russisch-, Griechisch- oder Georgisch-Orthodoxe Kirche).

[16] Zur Auseinandersetzung mit dieser These s. meine Gesamteinleitung zum CA (Ritter [1994]), 28f. Der DA-Rezeption in der östlichen Orthodoxie sind auch u. a. zwei Beiträge von A. Louth in dem Sammelwerk von Coakley/Stang (Hgg. [2009]) gewidmet (Nr. 3 und 4); sie behandeln die Rezeption des DA, der eine bis zu Maximus Confessor, der andere von Maximus bis zu Gregor Palamas; zu A. Golitzins Befassung mit dem Thema s. zuletzt die Neubearbeitung seiner vielbeachteten Monographie „*Et introibo ad altare Dei*“ (Golitzin [1994]) in Gestalt des Buches „Mystagogy. A monastic reading of Dionysius Areopagita“ (Golitzin (2013). Darin wird gleich zu Beginn, in einer „Author’s Note“, auf seine vorangegangenen einschlägigen Veröffentlichungen in chronologischer Reihenfolge und seinen Übergang von der Forschungsposition seines Lehrers J. Meyendorff zu derjenigen V. Losskys hingewiesen (vgl. XIXf., Anm. 1). Zur Kontroverse

langer Zeit abweichender Auffassung, bei aller Liebe zur östlichen Orthodoxie; ich meine, dass am ehesten seine *abendländisch*-mittelalterliche Wirkungsgeschichte an den Tag gebracht habe, welch irritierend-stimulierende Kraft im CD beschlossen liegt.[17] Auf sie möchte ich jedenfalls alsbald zu sprechen kommen, deute aber zuvor wenigstens an, was meine Hauptgründe für den genannten Dissens mit Louth und Golitzin und deren Vorgänger V. Lossky[18] sind.

Kurz gesagt, hat in meinen Augen DA „die *Theologiegeschichte* des Ostens beeinflusst, aber nicht beherrscht. Man hat ihn gekannt und studiert; wo es dessen bedurfte, hat man ihn auch frühzeitig in Übersetzungen zugänglich gemacht. Er ist also weithin bekannt und wichtig gewesen, aber wohl nirgends zentral."[19] Dies trifft m.E. – außer auf Maximos „den Bekenner" und Symeon mit dem Beinamen des „Jüngeren, des Theologen" (ὁ Νέος θεολόγος) – selbst auf Gregor Palamas (1296–1359) zu, der wie kein anderer aus mittel- und spätbyzantinischer Zeit die ostkirchliche Theologie bis zur Gegenwart beeinflusst hat und weithin als Garant orthodoxer Identität gilt.[20] Seit über 600 Jahren

---

zwischen Meyendorff und Lossky s. auch P.L. Gavrilyuk, The Reception of Dionysius in Twentieth-Century Eastern Orthodoxy, in: Coakley/Stang (2009), 177–193; hier: 182–189.

[17] Vgl. Ritter (1994), 31–44; auch W. Völker fand (Völker [1958], 218): „Wenn ein berufener Kenner einmal mit überlegener Sachkenntnis eine Geschichte der Dionys-Interpretation schreiben würde, so würde sich in ihr die ganze geistige Entwicklung des Mittelalters abspiegeln" (zu DA im abendländischen Mittelalter s. ebenda, 221–263).

[18] S. vor allem dessen Monographie „Essai sur la théologie mystique dans l'église d'Orient" (Lossky [1944/1976]). Dagegen etwa Meyendorff (1957).

[19] Ritter (1994), 35.

[20] Vgl. meinen Beitrag zu de Andia (Hg. [1997]), 565–579 (Ritter [1997]).

feiert nämlich die Orthodoxe Kirche am „Sonntag der Orthodoxie“, sein Andenken und bekräftigt damit zugleich die „kirchenamtliche“ Geltung seiner Lehre mit den Worten: „er hat mit Weisheit und außerordentlichem Mut für die allgemeine Kirche Christi und für die wahren, unfehlbaren Lehren über die Gottheit in Schriften, Reden und Diskussionen gekämpft und die eine Gottheit, den einen Gott in drei Personen, der Wirkkraft, Willen und Allmacht besitzt und ungeschaffen ist, unaufhörlich verkündet; das hat er getan in Übereinstimmung mit den heiligen Schriften und mit den Theologen, ihren Auslegern, das heißt Athanasios und Basileios, Gregor (von Nyssa?), Johannes (Chrysostomos) und Gregor (von Nazianz?), dazu Kyrill, Maximos dem Philosophen und dem Theologen (Johannes) aus Damaskus, aber auch den übrigen Vätern und Lehrern der Kirche Christi, und hat in Worten und Taten gezeigt, dass er Genosse, Echo, Gleichklang, Partisan und Mitstreiter ihrer aller ist.“ Athanasios, die drei „großen Kappadokier“, Johannes Chrysostomos, Kyrill von Alexandrien, Maximos der Bekenner und Johannes von Damaskus, das also sind, neben den „Heiligen Schriften“, die Autoritäten, auf die gestützt Gregor Palamas „mit Weisheit und außerordentlichem Mut“ seinen Kampf für Kirche und rechtgläubige Theologie geführt und bestanden hat. Von einem spezifischen Einfluß des „Dionys vom Areopag“ ist den Verfassern des „Synodikon der Orthodoxie,“ beziehungsweise des Palamas betreffenden Nachtrags,[21] anscheinend nichts bekannt. Dionys ist vielmehr einbezogen in die Schar der „übrigen Väter und Lehrer der Kirche Christi“, als deren „Genosse, Echo, Gleichklang, Partisan und Mit-

[21] Das „Synodikon“ ist nämlich um Jahrhunderte älter und im Laufe der Zeit immer wieder ergänzt und aktualisiert worden.

streiter" der gefeierte „hochheilige Erzbischof von Thessaloniki" gilt.[22]

Dass der Rezeptionsprozess des CA im „Osten" und im „Westen" unterschiedlich verlief und unterschiedliche Wirkungen zeitigte, müsste, denke ich, schon deshalb einleuchten, weil namentlich im Frühmittelalter, bis über die erste nachchristliche Jahrtausendwende hinaus, hier und dort verschiedene Bildungsvoraussetzungen bestanden. In Syrien, wovon später noch zu reden sein wird, und erst recht in Byzanz blieben die Werke des Aristoteles etwa, aber auch die Originaltexte der Neuplatoniker präsent. Die intensivste Wirkung erzielten letztere in Byzanz anscheinend bei Michael Psellos im 11. Jahrhundert, einer Zeit, in der von einer regelrechten Renaissance der antiken Philosophie gesprochen werden kann.[23] Im Abendland waren die Neupla-

---

[22] Golitzin geht in seiner Kritik an meinen Aufstellungen (GOLITZIN [2002]) an diesem Sachverhalt völlig vorüber und bestreitet darüber hinaus meine Hauptergebnisse, dass nämlich 1. nennenswerte Bezugnahmen auf DA sich im Werk des Palamas erst mit Ausbruch des „Hesychastenstreites" finden, und auch dann noch in ganz unterschiedlicher Dichte; 2., dass sich wichtige Aussagen des DA christologische Korrekturen – *vergleichbar* denen bei Maximos dem Bekenner sowie im Abendland bei Bernhard von Clairvaux, Bonaventura und Martin Luther – haben gefallen lassen müssen, mit wenig überzeugenden Argumenten. Es führte jedoch zu weit, dies hier im einzelnen auszubreiten. Stattdessen sei auf J. VAN ROSSUM, Dionysius the Areopagite and Gregory Palamas: A ‚Christological Corrective'?, in: StPatr 42 (2006), 347–353, hingewiesen, der auch auf die Vorgeschichte der Debatte seit der Dissertation von J. Meyendorff (MEYENDORFF [1959/1964]) eingeht und diese ein Stück weiterführt.

[23] Vgl. HALFWASSEN (2004), 172; G. PODSKALSKY, Nikolaos von Methone und die Proklosrenaissance in Byzanz (11./12. Jh.), in: OCP 42 (1976) 509–523; St. GERSH, One thousand years of Proclus. An introduction to his reception, in: GERSH (2014), 1–29; DERS., Proclus in the History of Philosophy: construction and deconstruction, in: BU-

toniker dagegen nach dem weitgehenden Untergang der antiken Kultur, ab Mitte des 5. Jahrhunderts, und dem Rückgang der Griechischkenntnisse unbekannt und wirkten allenfalls durch zahlreiche Motive bei Marius Victorinus, Augustin und Boëthius weiter, bis seit dem 9. Jahrhundert DA nach und nach zum „Promotor des Neuplatonismus im Okzident“ wurde.[24]

Noch mehr gilt von der *Frömmigkeitsgeschichte* im byzantinischen „Osten“ und darüber hinaus, dass der Einfluss des CA nicht unter-, aber auch nicht überschätzt werden darf. Dafür gibt es m.E. wenigstens zwei schlagende Beweise. Den ersten liefert Gregorios Sinaites, auf den die „hesychastische“ Bewegung im 14. Jahrhundert maßgeblich zurückgeht. In seinem Traktat „Über die Ruhe (ἡσυχία) und über die beiden Weisen des Gebets“ empfiehlt er: „Lies allezeit, was die Kontemplation und das Gebet betrifft, etwa (Johannes) Klimakos, den Hl. Isaak, den Hl. Maximos, (Symeon) den Neuen Theologen und seinen Schüler (Niketas) Stethatos, Hesychios und Philotheos vom Sinai und andere Schriften dieser Art. Was die anderen anlangt, so lass sie beiseite, in der Erwartung, dass sie zwar nicht zu verwerfen sind, aber auch nichts zur Erreichung des Ziels beitragen“.[25] Und vier Jahrhunderte später, im 18. Jahrhundert, das wäre mein zweites Argument, dachte der Athosmönch Nikodemos „Hagiorites“ gar nicht daran, in seine umfangreiche Textsammlung der „Philokalie“ (1782) das CA oder auch nur einen Auszug daraus aufzunehmen; „er war offensichtlich nicht der Meinung“, dass er den ‚Areopa-

---

TORAC/LAYNE (2017), 17–31; F. LAURITZEN, The Renaissance of Proclus in the Eleventh Century, ebenda, 233–240.

[24] So JEAUNEAU (1997).

[25] PG 150, 1324D.

giten' unter die „heiligen Nüchternen" als spirituellen Wegweiser zu rechnen hätte.[26]

Dionysios Areopagites im abendländischen Mittelalter

Dass umgekehrt vom CA gerade für das abendländische Mittelalter eine ungeheure Faszination ausging, hängt nicht *nur* damit zusammen, dass da einer „in der Weise eines Platonikers" (*more Platonico*) redete und doch Christ und sogar Zeitgenosse der Apostel zu sein beanspruchte. Und dieser Faszination tat es kaum Abbruch, dass die Versuche, ihn ins Lateinische zu übersetzen, fürs erste eher kläglich ausfielen, ja, partienweise schlichtweg unverständlich waren.[27] Es ist vielmehr um einer richtigen Einschätzung seiner wirkungsgeschichtlichen Bedeutung willen unbedingt erforderlich, sich klar zu machen, dass – fast das gesamte Mittelalter über – die *Identität* des Verfassers *mit dem Märtyrerbischof Dionysius von Paris* so gut wie unbestritten war. Dieser hat, nach Gregor von Tours[28] zur Zeit des Christenverfolgers und römischen Kaisers Decius (249–251) als einer von sieben Missionsbischöfen nach Gallien gekommen, in Paris gewirkt und dort auch das Martyrium

---

[26] So RAYEZ (1957), 294. – Trotz allem stellt A. Golitzin in seiner vorläufig abschließenden Synthese „Mystagogy" (GOLITZIN [2013], 365) ungerührt fest: „From the beginning the Church (gemeint: die östliche, vor allem die byzantinische Orthodoxie), in particular the ascetic community, recognized that the CD articulated its own experience, in however new and unfamiliar an idiom".

[27] Vgl. dazu etwa THÉRY (1931); die Texte der verschiedenen Übersetzungsversuche finden sich versammelt bei CHEVALIER (1937–1950).

[28] *Hist.Franc.* I 30.

erlitten. Zentraler Kultort dieses heiligen Märtyrerbischofs, St. Denis (damals) *bei* Paris, ist mit Höhepunkten und Krisensituationen der westfränkisch-französischen Geschichte aufs engste verbunden. Seit dem frühen 12. Jahrhundert, unter König Ludwig VI. und Abt Suger von St. Denis, ist er gar zu *dem* französischen Nationalheiligtum schlechthin avanciert. Hier wurde die Fahne des heiligen Dionys aufbewahrt, die fortan die französischen Könige auf ihren Feldzügen begleitete und von der man sich erzählte, dass sie mit dem legendären Banner Karls des Grossen, der „Oriflamme", identisch sei. Hier wurde auch erstmals (wohl von Suger) der Gedanke ausgesprochen, der König von Frankreich erhalte seine Herrschaft vom heiligen Dionys zu Lehen und schulde ihm deshalb einen Kopfzins.[29]

---

[29] Vgl. G.M. Spiegel, The Cult of Saint Denis and Capetian Kingship, Journal of Medieval History 1 (1975) 43–69. – Ältestes Zeugnis für die Identifizierung des Märtyrerbischofs Dionysius von Paris mit dem Paulusschüler DA ist nach unserer Kenntnis die um 750 verfaßte zweite *Passio sanctissimi Dionysii* (BHL 2178). In dieser begegnen wir auch zum ersten Mal dem für die Ikonographie des Heiligen so wichtigen „Kephalophoren"-Motiv (D. trägt sein abgeschlagenes Haupt [κεφαλή] selbst, vom Ort seines Martyriums auf dem heutigen „Berg der Märtyrer" [Montmartre] hin zum [um die zwei Meilen entfernten] Ort seines späteren Kultes, in St. Denis), wie es auf bildlichen Darstellungen immer wieder erscheint (s. die Nachweise in: LCI 6, Freiburg 1974, 61–67). Rund 100 Jahre später schmückte Abt Hilduin von St. Denis, mit dessen Namen auch die erste vollständige Übersetzung des CD ins Lateinische verbunden ist, in einer dritten *Passio sanctissimi Dionysii* (BHL 2175) weiter aus, indem er u.a. den Paulusschüler vom Areopag, den ruhmreichen Märtyrer von Paris und den Autor „sublimer" Abhandlungen und Briefe über die „Theologie" (gemeint ist ohne jeden Zweifel das CD) identifizierte. In dieser Form hat sich die Dionyslegende im Abendland jahrhundertelang eines nahezu „kanonischen" Ansehens erfreut.

Allerdings fehlte es auch im Abendland nicht völlig an Vorbehalten gegenüber der Echtheit und dogmatischen Korrektheit des *corpus*, zumindest gegenüber der offiziellen Legende.[30]

Wichtiger für uns ist an dieser Stelle zu erwähnen, dass sich der eigentliche Beginn der Wirkungsgeschichte des CD im Abendland auf das Jahr genau angeben lässt, 827,[31] als eine Gesandtschaft des byzantinischen Kaisers am Hofe Ludwigs des Frommen eintraf und als wertvollstes Geschenk einen, uns noch erhaltenen, Codex mit den Werken

---

[30] Das überrascht um so weniger, als dort noch immer konkurrierende Traditionen bekannt waren, etwa aus den vielgelesenen Schriften des Beda Venerabilis. Auf dessen beiläufige Bemerkung, der Act 17, 34 erwähnte Dionys sei nicht Bischof von Athen, sondern von Korinth gewesen (PL 92, 981), bezog sich Pierre Abélard im Gespräch mit Mönchen der Abtei von St. Denis, erregte damit freilich einen wahren Sturm der Entrüstung (*Hist.cal.*; 89f. Monfrin), so, als habe er sich „am ganzen Königreich" Frankreich „vergangen" und ihm „seine besondere Ehre" geraubt! Wie die Streitfrage zu entscheiden sei, hielt Abaelardus für vollkommen belanglos. Im übrigen weist sein Werk einen ähnlich großen inneren Abstand zum CD auf wie dasjenige des „Vaters der Scholastik", Anselm von Canterbury; vgl. dazu M. Perkams, Liebe als Zentralbegriff der Ethik, Münster 2001 (BGPHMA. NF 49), 329.

[31] Die erste Notiz einer Bekanntschaft mit dem CD im Westen ist freilich sehr viel älter. Sie findet sich bei Gregor d.Gr., der möglicherweise eine Sammelhandschrift areopagitischer Schriften in seinem Gepäck hatte, als er (585/86) von seiner Mission als römischer Apokrisiar am kaiserlichen Hof in Konstantinopel zurückkehrte. Die fragliche Stelle in seinen Homilien über die Evangelien (*hom.* 34, 12) lässt es jedoch als wenig wahrscheinlich erscheinen, dass Gregor tiefer in die dionysianische Problemdiskussion (DA, CH 13) eingedrungen war, auf die er sich zu beziehen scheint. Völlig ausgeschlossen aber ist, dass seine Dionyslektüre einen irgendwie prägenden Einfluss auf sein Denken ausübte.

des DA[32] überreichte. König Ludwig vermachte die kostbare Handschrift dem Kloster St. Denis, wo sich alsbald Abt Hilduin (ca. 832) und, etwa drei Jahrzehnte später, Johannes Scotus Eriugena, an eine Übersetzung heranwagten, Eriugena allein mit ansprechendem, wenn auch noch immer bescheidenem Erfolg.[33] Eine Verbesserung derselben, begleitet von einer Übersetzung von Scholien des Johannes v. Skythopolis (hier fälschlich *in toto* „Maximus Confessor" zugeschrieben), wurde noch im 9. Jahrhundert von Anastasius Bibliothecarius in Rom ins Werk gesetzt.[34]

Man hatte im Abendland durchaus ein Gespür nicht nur für die eigentümliche und nachgerade, für damalige Verhältnisse zumindest, schwer- bis unübersetzbare Sprache, sondern auch und erst recht für den andersartigen Inhalt, das, wie es schien, in die Form ostkirchlicher Geistigkeit gegossene Denken des neuplatonischen „Scholastikers" Proklos. Dass dieses Empfinden der Andersartigkeit nicht, wie sonst in der Regel, zur Ablehnung, sondern bis in die frühe Neuzeit hinein zu immer erneuten Übersetzungsversuchen und Kommentierungen führte, ist m.E. kaum anders zu erklären als daraus, dass man sich eben, spätestens durch Hilduins *Passio s. Dionysii*,[35] – allermeist wenigstens – von der Identität des Verfassers dieses „sublimen" Schrift-

[32] Es handelt sich aller Wahrscheinlichkeit nach um den *Codex Paris. gr.* 437.

[33] Vgl. o. Anm. 24 (Théry).

[34] Vgl. dessen 2. Brief an Karl den Kahlen vom Jahre 875 (PL 129, 739f.). Eine kritische Ausgabe des *Corpus Anastasianum* ist ebenfalls in Vorbereitung bei der Göttinger Arbeitsstelle der Patristischen Kommission der deutschen Akademien der Wissenschaften.

[35] S. o. Anm. 26.

tums mit dem Apostelschüler DA einerseits, dem heiligen Dionys von Paris andererseits hatte überzeugen lassen.[36]

Jedenfalls inspirierte dieses *corpus* nicht nur die geistig überragende Figur der „karolingischen Renaissance", den schon erwähnten Scotus Eriugena, zu der wohl kühnsten und geschlossensten begrifflichen Fassung der christlichen Lehre – und das hieß für ihn: der Wahrheit – , die die lateinische Welt zwischen Augustin und Thomas von Aquin je hervorbrachte, in Gestalt seiner drei Bücher *Periphyseon,* meist lat. als *De divisione naturae* („Über die Aufteilung der Wirklichkeit") zitiert.[37] Erst als zu Beginn des 13. Jahrhunderts dem Pariser Magister Amalrich von Bena der Pro-

---

[36] Es ist wohl eine falsche Alternative, wenn v. BALTHASAR (1962), 150, und, ihm (auch hier) folgend, LOUTH (1981), 186, betonen, Dionysios sei einflussreich gewesen, weil seine „Vision" überzeugte, nicht weil ihm irrigerweise quasi-apostolische Autorität zugeschrieben wurde. Ohne von der letzteren überzeugt zu sein, hätten sich die abendländischen Theologen kaum so beharrlich mit seinem andersartigen, für sie zunächst nahezu unverständlichen Schrifttum abgegeben.

[37] Vgl. dazu etwa die Übersetzungsausgaben von L. NOACK 2., unveränd. Aufl. (1. Aufl. 18701874), erg. um bibliographische Hinweise von W. Beierwaltes, Hamburg 1984, und von I. P. SHELDON-WILLIAMS, Montréal 1987; ferner die Sammelbände, herausgegeben von R. ROQUES, Jean Scot Erigène et l'histoire de la Philosophie, Paris 1977, und von W. BEIERWALTES, ERIUGENA. Studien zu seinen Quellen, Heidelberg 1980 (AHAW.PH 1980, 3), sowie die Monographien von G. MADEC, Jean Scot et ses auteurs, Paris 1988, und W. BEIERWALTES, Eriugena. Grundzüge seines Denkens, Frankfurt/M. 1994. Der Beitrag von P. ROREM, The early Latin Dionysius. Eriugena and Hugh of St. Victor, zum Sammelwerk COAKLEY/STANG (2009), 71–84, wieder aufgenommen in: ROREM (2015), befasst sich – schwerpunktmäßig wenigstens – nicht mit dem genannten Hauptwerk Eriugenas, sondern dessen Kommentar zur „Himmlischen Hierarchie", zu dem der Verf. wenige Jahre zuvor auch eine umfangreichere Untersuchung, mit Übersetzung von Teilen des erhaltenen Textes, vorgelegt hat (P.

zess gemacht wurde und zehn seiner Anhänger den Feuertod fanden, fiel auch dieses Werk Eriugenas, auf das Amalrich sich berufen hatte, der kirchlichen Verurteilung zum Opfer.

Gleichwohl ist das CA zur selben Zeit, in dem zentralen, der Hochscholastik zugeordneten 13. Jahrhundert, sozusagen allgegenwärtig und für dieses kaum weniger charakteristisch als die *Aristoteles*rezeption. Wahrscheinlich hat K. Flasch recht, wenn er beide Vorgänge, die DA- und die Aristotelesrenaissance, in engem Zusammenhang miteinander sieht: In der durch das Aufkommen des Aristoteles und der arabischen Philosophen tiefgreifend veränderten abendländischen Welt „wirkte Dionysius als Korrektur und Anreiz. Gerade hatte man sich den Aristoteles und seine arabischen Erklärer angeeignet, da ereignete sich auch eine Renaissance des Dionysius und Proklos. Dies löste eine dramatische Entwicklung aus. Das mittelalterliche Denken wurde eine faszinierende Szenenfolge mit dem Thema: Die Vernunft und ihre Grenzen. Wie sollte man es denken: das Unbestimmbare als der Grund alles Bestimmten?“[38] Auf diesem Hintergrund lässt sich m. E. ohne weiteres nachvollziehen, dass dem Areopagiten selbst im 15. und 16. Jahrhundert eine Nachwirkung beschieden war, die sich zwar mit derjenigen des Hieronymus, des „Modeheiligen des Spätmittelalters“ (B. Hamm),[39] kaum vergleichen läßt, aber doch als ausgesprochen intensiv bezeichnet werden muss. Manche lernten damals, genauer: um die Wende vom

---

Rorem, Eriugena's Commentary on the Dionysian *Celestial Hierarchy*, Toronto 2005 [Studies and Texts 150]).

[38] K. Flasch in einer ganzseitigen Anzeige der *Editio critica maior* des CD in der F.A.Z. vom 8.2.1992, Nr. 33.

[39] Hamm (1990).

15. zum 16. Jahrhundert, wie wir wissen, Griechisch, nicht um das NT, sondern um DA zu verstehen!

Die intensive Nachwirkung des CA im und seit dem Hochmittelalter erfolgte auf mehreren Schienen oder Traditionslinien, die ich wenigstens nacheinander kurz Revue passieren lassen möchte:

a) die *„scholastische"* Traditionslinie. – Diese beginnt mit Albert dem Großen,[40] der das gesamte CD sorgfältig durchkommentierte – Exemplare des Kommentars fanden sich unter anderem in der Bibliothek sowohl des Aquinaten wie des Kusaners – und gewinnt noch bedeutend an Kraft bei dem Albertschüler Thomas von Aquin[41] ebenso wie bei Bonaventura.[42] Man denke nur bei ersterem an das grundlegende *exitus-reditus*-Schema, bei letzterem an die DA nachempfundenen dreifachen Hierarchien als Grundkategorien

---

[40] Vgl. *Alberti Magni Commentarii in opera B. Dionysii Areopagitae*, Paris 1892; dazu etwa H. ANZULEWICZ, Pseudo-Dionysius Areopagita und das Strukturprinzip des Denkens von Albert dem Großen, in: BOIADJIEV ua.a (Hgg. [2000]), 251–295; M. BURGER, Albertus Magnus: Kritische Anfragen an das Werk des Pseudo-Dionysius Areopagita, ebenda, 297–316; E.H. WÉBER, L'apophatisme dionysien chez Albert le Grand et dans son école, in: DE ANDIA (Hg. [1997]), 379–403; D. BURRELL, Albert, Aquinas and Dionysius, in: COAKLEY/STANG (2009), 103–119.

[41] Vgl. dazu nach wie vor J. DURANTEL, Saint Thomas et le Pseudo-Denis, Paris 1919, und neuerdings vor allem F. O'ROURKE, Pseudo-Dionysius and the Metaphysics of Aquinas, Leiden 1992; ferner W.J. HANKEY, Dionysian Hierarchy in Thomas Aquinas: Tradition and Transformation, in: DE ANDIA (Hg. [1997]), 405–438; I. ANDEREGGEN, La originalidad del Commentario de Santo Tomás al *De divinis nominibus* de Dionisio Areopagita, ebenda, 439–455; P. KALAITZIDIS, *Theologia*: Discours sur Dieu et science théologique chez Denys l'Aréopagite et Thomas d'Aquin, ebenda, 457–487.

[42] Vgl. J.-G. BOUGEROL, St. Bonaventure and Pseudo-Dionysius, EtFr 28 Suppl. (1968), 33–123; W. BEIERWALTES, Dionysius und Bonaventura, in: DE ANDIA (Hg. [1997]), 489–501.

zum Verständnis der Totalität Gott – Welt. Und das wiederum sicherte diesem, zusammen mit den Zitaten in den Sentenzen des Petrus Lombardus, einen Platz auch in den spätscholastischen Schuldiskussionen. Verwiesen sei zum Beleg lediglich auf einen namhaften Kontrahenten des Nikolaus von Kues, nämlich Johannes Wenck von Herrenberg in Heidelberg, den der Kusaner vorstellte als Vertreter einer „in den Formen der Tradition“[43] und in „leerer Wortgelehrsamkeit“[44] erstarrten Universitätswissenschaft. Schon dass sich gerade ihm gegenüber der Kusaner auf Dionys beruft, beweist die hohe autoritative Geltung des CA im spätscholastischen Schulbetrieb, also nicht allein bei den „Mystikern“. Darüber hinaus ist uns von Johannes Wenck selbst, und zwar aus dem Jahre 1455, ein aus Vorlesungen erwachsener Kommentar zu CH erhalten. In seinem Besitz befand sich endlich ein Exemplar der Traversari-Übersetzung der Werke des DA.[45] – Von noch größerer Tragweite aber war zweifellos

b) die *„mystische“*[46] Linie. – Sie beginnt mit Hugo und Richard von St. Victor, von denen Bonaventura sagte,[47] Anselm folge Augustin, Bernhard Gregor, Richard hingegen Dionys. Denn Anselm zeichne sich in der Beweisführung

---

[43] *Nicolaus de Cusa, Apologia doctae ignorantiae*, hg. v. R. Klibansky (*Nicolai de Cusa, Opera Philosophica* II), Leipzig 1932, 2, 25.

[44] Ebenda, 4, 17.

[45] S. unten S. 46, Anm. 53; vgl. zum Text der Debatte mit Wenck J. Hopkins, Nicholas of Cusa's Debate with Johannes Wenck, Minneapolis/Minn. ²1984 (lat.-engl.).

[46] Ihr ist W. Völkers wirkungsgeschichtlicher Exkurs gewidmet (s. Völker [1958]), 221–263; vgl. auch D. Turner, Dionysius and some Late Medieval Mystical Theologians of Northern Europe, in: Coakley/Stang (2009), 121–135.

[47] *De reductione artium ad theologiam* 5, eingel., übers. u. erl. v. J. Kauf, München 1961, 246 f. (lat.-dt.).

(ratiocinatio), Bernhard in der Verkündigung *(praedicatio),* Richard endlich in der Beschauung *(contemplatio)* aus, während man in Hugo dies alles vereinigt finde. Sie setzt sich fort in Thomas Gallus, Verfasser einer *Extractio* aus dem CD und einer Reihe von *Explanationes* zu dessen Einzelschriften; in Hugo von Balma und vor allem Meister Eckhart, der sich sowohl in seinen lateinischen wie in seinen deutschen Schriften sehr häufig, explizit oder implizit, auf DA bezieht. Nicht selten aber stellt er fundamentalen dionysianischen Themen solche Aussagen zur Seite, die deren Sinn gründlich modifizieren. Die Linie mündet endlich in das Spätmittelalter und die frühe Neuzeit. Das bezeugen vor allem Johannes Tauler, Heinrich Seuse, Jan van Ruysbroek, Dionysius der Kartäuser,[48] englische[49] und später romanische Mystik von Cisneros bis Johannes vom Kreuz.[50] Dabei lehren insbesondere die Schriften Jan van Ruysbroeks, des *alter Dionysius,* wie ihn der Kartäuser Dionys voll Verehrung nannte,[51] dass man für die Kenntnis des Areopagiten nicht auf die Vermittlung Eckharts angewiesen war. Vielmehr lassen diese Schriften ein Maß an Vertrautheit mit den *Areopagitica* erkennen, wie es nur aus fortgesetzter Lektüre und umfassendem Studium erwachsen sein kann. – Eng damit verwandt, wiewohl davon zu unterscheiden, ist

c) die „*frömmigkeits-*“ (B. Hamm)- bzw. „*reformtheologische*“ Linie, an dieser Stelle repräsentiert lediglich, weil für unsere Zwecke ausreichend, durch Jean Gerson und Ni-

---

[48] *Opera Omnia,* Köln 1536; vgl. dazu Völker (1958), 245–249; A. Stoelen, Denys le Chartreux, DSp 3, 1957, 430–449.

[49] Vgl. vor allem E. Underhill (Hg.), The Cloud of Unknowing, London 1956.

[50] Vgl. Völker (1958), 258–263.

[51] *Tractatus 2 de donis Spiritus sancti, art.* 13.

kolaus von Kues. Dabei mag die die Einordnung des letzteren unter dieser Rubrik auf den ersten Blick als wenig einleuchtend erscheinen. Doch entzieht er sich im Grunde jeder *ein*deutigen Zuordnung unter den verschiedenen Strömungen seiner Zeit. Als treibende Kraft hinter der hier gemeinten, „zur Lebensformung anleitenden, praktisch-seelsorgerlichen Theologie" lässt sich mit B. Hamm als gemeinsame „Zielsetzung" ausmachen, „die Distanz zwischen einer hoch abstrakten, sich im Kreise ihrer rationalen Spekulationen und logisch-dialektischen Begriffszergliederungen bewegenden Scholastik und einer elitären, den Weg zu *contemplatio* und *unio* weisenden Mystik einerseits und einer Frömmigkeit des Alltags und der einfachen Christen andererseits zu überwinden".[52]

Was hat in diesem Zusammenhang die Berufung auf DA zu bedeuten? Nun, er diente beiden, Gerson wie dem Kusaner, als Gewährsmann und Advokat der idealen Verbindung von *artes liberales* und kontemplativer Tiefe. Im übrigen ist die Gegenwart dionysianischer Themen und Motive besonders im Werk des Nikolaus von Kues[53], angefangen mit seiner philosophisch-theologischen Erstlingsschrift *De docta ignorantia* (1440), in welcher es zentral darum geht, „das Unbegreifliche unbegreifenderweise (incomprehensibiliter) in belehrtem Nichtwissen" zu erfassen,[54] schlechterdings nicht zu übersehen und in der heutigen Forschung ja auch völlig unbestritten.[55] Philologisch greifbares Zeugnis der intensiven Wirkung des DA auf Nikolaus sind zum

---

52 Hamm (1990), 139f.

53 Vgl. dazu etwa Völker (1958), 249–255.

54 S.E. Hoffmann/R. Klibansky, *Nicolai de Cusa. Opera Philosophica* I, Leipzig 1932, 163, 9ff.

55 Vgl. dazu bereits L. Baur, Cusanus-Texte III: Marginalien 1. Nicolaus Cusanus und Dionysius Areopagita im Lichte der Zitate und

einen die Zitationen im Werk des Kardinals, die quantitativ ihren Höhepunkt in den Spätschriften *De non aliud* (1462) und *De venatione sapientiae* (1463) erreichen, aber auch die Dionyshandschriften und -kommentare aus dem Besitz des Kusaners in der Bibliothek des St. Nikolaus-Hospitals in Kues mit eigenhändigen Randbemerkungen. Auffällig viele Marginalien finden sich im *Codex Cusanus* 96 der genannten Bibliothek, welcher die Kommentare des Albertus Magnus zum CD enthält. Thematische dionysianische Schwerpunkte beim Kusaner sind das Grundkonzept der *docta ignorantia*, der Begriff der *coincidentia oppositorum*, Gott als *complicatio*, Gott als Selbigkeit, Gott als das „Nicht-Andere", ferner die negative Theologie, die symbolische Theologie, der mystische Weg zu Gott in alle Stufen des Intelligiblen übersteigender Liebe.

d) die *„humanistische"* Linie, wobei zunächst der *philologischen* Seite der Sache, also der humanistischen Verdienste um eine Verbesserung des Dionystextes und seiner Übersetzung zu gedenken ist. Es beginnt mit Ambrogio Traversari, der bereits dem sich konstituierenden Florentiner Humanistenkreis zuzuordnen ist, und seiner nur als „elegant" zu bezeichnenden lateinischen Übersetzung von 1436.[56] Nikolaus von Kues, auf dessen Anregung sie hauptsächlich zurückging, hat viel zur Verbreitung dieser Übersetzung beigetragen. 1480 in Brügge zuerst im Druck erschienen und 1498 auch von J. Lefèvre d'Étaples in seiner Sammlung apostolischer Vätertexte (*Theologia Vivificans*) berücksichtigt, ist sie von der Jahrhundertwende an als *nova translatio* im Unterschied zur *vetus translatio* des Eriugena zur Stan-

Randbemerkungen des Cusanus, SHAW.PH 1940/41,4, Heidelberg 1941.

[56] Auch sie ist in der „Sammlung" von CHEVALIER (1937–1950) enthalten.

dardübersetzung in den meisten Dionysausgaben geworden. Humanistische Philologie hat aber auch alsbald in der Verbesserung des griechischen Textes ein Betätigungsfeld gefunden. Neue Handschriften wurden im Westen zugänglich. Und von mehreren Humanisten ist uns bezeugt, dass sie ihre eigene Kopie anfertigten, über den griechischen Text Vorlesungen hielten und sich an neuen Übersetzungen versuchten. So auch der humanistisch gesonnene, gelehrte Abt des Klosters von Sponheim, Johannes Trithemius, den 1496 Freunde dermaßen in die Abschrift und Übersetzung des DA vertieft antrafen und – wieder verließen, dass ihnen die gesamte Umgebung des Johannes griechisch zu schmecken, zu riechen und auszusehen vorkam: „Griechisch waren der Abt, griechisch die Mönche, die Hunde, die Steine, das Rebengehölz, und das ganze Kloster selbst schien uns inmitten Joniens versetzt zu sein".[57]

Wichtigste Früchte des philologischen Eifers der Humanisten waren dann die zweisprachigen Ausgaben des 16. und 17. Jahrhunderts: die *editio princeps*, auf der Basis einer Florentiner Handschrift von A. Colotius herausgegeben und 1516 in Florenz erschienen. Die nächste Gesamtausgabe ist auf der Basis fünf uns erhaltener Pariser Handschriften erarbeitet und bei G. Morel in Paris 1562 erschienen. Ich nenne noch die Ausgabe von P. Lansselius, nach vier Pariser Handschriften und dem Text der *editio princeps* erarbeitet, in Paris 1615 herausgekommen und dann 1618 in Köln und 1625, wiederum in Paris, nachgedruckt. Die größte Bedeu-

---

[57] So Konrad Celtis, Ep. 107. 109 (H. Rupprich [Hg.], Konrad Celtis, Briefwechsel, München 1934, 179. 183 f.); dazu N. L. Brann, The Abbot Trithemius (1462–1516). The Renaissance of Monastic Humanism, Leiden 1981 (SHCT 24), bes. 24 f. 270 (zum Einfluß des DA, der sich mehr und mehr mit dem des Kusaners mischte, auf des Trithemius Denken s. 192. 195 f. 199. 297).

tung sollte aber erst, und zwar für lange Zeit, die Ausgabe von B. Corderius, nach fünf Pariser und zwei Wiener Handschriften, erlangen. Sie ist zuerst in Antwerpen 1634 erschienen und schließlich, nach einem verbesserten und vermehrten Nachdruck der Ausgaben von 1634 und 1644, im 3. Band der Migneschen „Patrologie", vermehrt durch weitere Fehler, abgedruckt worden.

Doch ging das Interesse am CD seitens der Humanisten oder doch wenigstens einiger prominenter unter ihnen wie Pico della Mirandola, M. Ficino und J. Colet über das Philologische weit hinaus. Es erschien ihnen geradezu als die Quintessenz des Platonismus überhaupt, die selbst den Schriften der Alten, Platon eingeschlossen, vorzuziehen sei. Vereine sie doch platonische Philosophie mit der Wahrheit des christlichen Glaubens. Selbst Nikolaus von Kues[58] zögerte deshalb nicht, ihn als „allergrößten Dionys" (*Dionysius Maximus*) zu bezeichnen.[59]

e) die *„reformkatholisch-gegenreformatorische"* Traditionslinie. – Diese bildete sich aus im Widerspruch gegen ein Bild von Dionysius als *Platonicus plus quam Christianus,* nun also in der Tat nicht länger chronologisch-,neutral', sondern wertend verstanden, auf der einen, gegen die reformatorische „Umwertung aller überkommenen Werte" auf der an deren Seite. Sie wird erstmals, andeutungsweise, greifbar bei J. Lefèvre d'Étaples und seinem Kreis. Wie M. Ficino hat sich Faber Stapulensis, so die zeitentsprechende Latinisierung seines Namens, sein Leben lang für die Echtheit des CA und dessen Abfassung durch den Paulusschüler „Dionys vom Areopag" eingesetzt und in ihm die reinste,

[58] Zu Ficinos überschwenglichen Lobsprüchen s. oben, S. 23ff.

[59] *De non aliud* (oder *Directio speculantis*), hg. v. L. Baur/P. Wilpert (*Nicolai de Cusa, Opera Omnia* XIII), Leipzig 1944, 29, 22 u.ö.

noch von keinen fremden Einflüssen verderbte Form apostolischer Theologie gesehen.[60] Direkt von Jesus, Paulus und Hierotheos, dem vorgeblichen „Lehrer und Freund" des DA, „nächst dem göttlichen Paulus",[61] sich herleitend, schließe es die Tiefen Platons sowohl den alexandrinischen Philosophen als auch den frühchristlichen Platonikern auf. Eine derartige Einschätzung der Priorität des Dionys gewann dann rasch Bedeutung auch für viele katholische Kontroverstheologen der Reformationszeit, wie vor vielen Jahren bereits P. Fraenkel in einem lehrreichen Aufsatz[62] gezeigt hat. Erwähnt seien lediglich J. Clichtovaeus aus Paris und J. Eck aus Ingolstadt. Der eine, Clichtove, von Erasmus als gelehrter Humanist geschätzt, gab 1515 von neuem die *Theologia Vivificans* seines Lehrers Faber Stapulensis zusammen mit einem Kommentar *ad litteram* heraus und bemühte sich später in seinem *Antilutherus* (1524) und seinem *Propugnaculum Ecclesiae* (1526), nicht nur die kritischen Argumente Vallas und des Erasmus zu widerlegen, sondern auch, das Papsttum mit Fleiß ignorierend, Luthers Lehre vom allgemeinen Priestertum als Angriff auf die Überordnung des Klerus über die Laien und auf die Hierarchie überhaupt abzuwehren. Es heißt da:

Letztlich wirft er (Luther) die allerschönste Ordnung des geistlichen Standes um; denn er schafft hier jede Stufenleiter ab, jede Über- und Unterordnung, wie Christus sie in harmonischer Vielfalt und passendster Anordnung eingesetzt hat (*Deinceps pulcherrimum ecclesiastici status ordinem omnino subvertit, nullum in eo*

---

[60] Vgl. sein Vorwort zur *Theologia vivificans*, abgedr. in: E. Franklin Rice (Hg.), The Prefatory Epistles of Jean Lefèvre d'Étaples and related texts, New York 1972, 60–66.

[61] DA, DN 3,2 (140,3 f. Suchla); zur Funktion des Hierotheos s. unten S. 153 f. (Anhang).

[62] Fraenkel (1978).

admittens graduum distinctionem, neque praelationis subiectionisque diversitatem, concinna varietate et congruentissima dispositione a Christo constitutam).[63]

Belegt wird das aus DA! Der andere, J. Eck, alsbald ebenfalls als Kontroverstheologe hervorgetreten, hat am Vorabend der Reformation (1517) einen Kommentar zur „Mystischen Theologie" des Areopagiten vollendet. „Als Illustration der Welt des Areopagiten bietet er dort eine Zeichnung, die ihm der bekannte humanistische Kartäuserprior G. Reich suggeriert hatte. Es sind zwei Kegel, einer der Finsternis, der sich nach oben verjüngt, und einer des Lichts, der sich nach unten verjüngt. Zu oberst und ganz im Licht Gott selbst, darunter mit zunehmenden Schattenseiten die neun Chöre der Engel, zusammengefaßt als ‚Metaphysica'; darin, dort wo Licht und Finsternis einander die Waage halten, der Mensch ‚mit Verstand begabt'; unter ihm ebenfalls dreimal drei ‚Physica', von den fühlenden über die lebenden bis hinab zu den nur seienden: Mineralien, Gemische und Elemente. Zu unterst, als Gegenstück zur Gottessphäre, das bodenlose Reich tiefster Finsternis ...".[64] „Es versteht sich von selbst", fährt Fraenkel fort, „dass dann auch im menschlichen Bereich höhere und niedere Wesen und Werte existieren, die, ebenfalls zugleich hierarchisch gestaffelt und harmonisch verbunden, die Welt ausmachen, in der sich das Leben des Christen abspielt".[65] – Kein Zweifel, dass einem derartigen Weltbild eine erhebliche Rolle im Kampf gegen die Reformation zufiel, und zwar noch in der Zeit *vor* dem Bauernkrieg, als bereits „große politische Er-

[63] Clichtove, *Antilutherus*, Paris 1524, Buch 2, Kap. 1, Bl. 55^{v}; zit. und übers. bei FRAENKEL (1978), 27.

[64] Zit. FRAENKEL (1978), 24.

[65] Ebenda.

eignisse die Überzeugung bestärken konnten, Luther und seine Parteigänger seien dazu angetan, diese Wertskala umzuwerfen."[66]

Aber eben: es ist zu unterstreichen, dass diese Kontroverstheologie aus einem echten Reformimpuls erwuchs. Nichts lag Clichtove, Eck und all den andern, die noch genannt werden könnten, ferner als eine Sanktionierung des *status quo*. Sie wollten vielmehr voranbringen, was sie als eine gesunde Reformtheologie betrachteten, und das in vollem Einklang mit der humanistischen Bildungsbewegung.[67] Auch darum machten sie sich für den Areopagiten stark.

Valla, Erasmus und die Folgen

Was hat demgegenüber die durch Valla und Erasmus bewirkte Revolution in der areopagitischen „Echtheits"- bzw. Verfasserfrage bedeutet, und was hat sie für Folgen gehabt? Nun, den Hauch eines *Zweifels* kann man bereits bei Nikolaus von Kues verspüren. In einer Randbemerkung zu *Codex Cusanus* 44,[68] mit einer Dionysübersetzung samt dem Kommentar des Robert Grosseteste, gibt er seiner Verwunderung darüber Ausdruck, dass sich, während keiner der Kirchenväter Ambrosius, Augustinus oder Hieronymus DA zur Kenntnis genommen hätte, bei Johannes Damascenus dagegen und Gregor dem Großen Zitate fänden. Damit hat der Kusaner scharfsichtig die wirkliche Entstehungszeit des CD eingegrenzt, ohne daraus jedoch nennenswerte Konsequenzen zu ziehen.

---

[66] Ebenda.

[67] So betont mit Recht FROEHLICH (1987), 37.

[68] Folio 1^{v}, zit. bei BAUR (1940), 19.

Ausgesprochen dagegen wird der Zweifel an der Autorschaft des ‚Paulusschülers' dann bei dem Zeitgenossen L. Valla. Ihm war es zuvor (1440) bereits gelungen, die berühmt-berüchtigte „Konstantinische Schenkung" (*Donatio Constantini*) endgültig als eine Fälschung zu erweisen und damit der kirchlichen Oberherrschaft, auch über den weltlichen Bereich, eine wesentliche Stütze zu entziehen. Zwei kurze Bemerkungen aus dem Jahre 1457, Vallas Todesjahr, sind es, auf die es in diesem Zusammenhang ankommt: die eine findet sich in seiner recht eigenartigen „Lobrede auf den heiligen Thomas von Aquin". Darin bezeichnet er den Verfasser des CA als einen der „Fürsten *der Theologie*", nicht mehr also, wie M. Ficino, „der Platoniker"(!), und stellt ihn mit Papst Gregor dem Großen auf eine Stufe. Allerdings fügt er hinzu, bei keinem lateinischen Schriftsteller vor Gregor und bei keinem älteren Griechen sei er je zitiert worden.[69] Die zweite Bemerkung ist in einer ausführlicheren Note zu Act 17, 34 innerhalb seiner „Anmerkungen zum Neuen Testament" enthalten. Valla bezeichnet es hier zum einen als höchst zweifelhaft, ob der Paulusschüler von Act 17,34 überhaupt Schriftliches von sich gegeben habe, da der Begriff „Areopagites" auf einen Richter, nicht aber auf einen Philosophen hindeute. Zum andern sei die Behauptung des „Dionys" in einem seiner Briefe, gemeint ist Ep. 7, 2, er habe von außerhalb Palästinas die Sonnenfinsternis während der Todesstunde Jesu beob-

---

[69] Erstmals veröffentlicht ist diese „Lobrede", wie es scheint, Ende des 19. Jahrhunderts (von J. VAHLEN innerhalb der Geigerschen „Vierteljahresschrift für Kultur und Litteratur der Renaissance" [1, 1886] und danach innerhalb des anastatischen Nachdrucks der *Opera Omnia* Lorenzo Vallas, besorgt von E. GARIN, Turin 1962 [II, 346–352 (hier: 351)]). Gemeint ist bei Gregor die Stelle *hom*. 34, 12 *in Ev.* (PL 76, 1254); s. oben, Anm. 29.

achtet, eine eklatante Fiktion. Gewisse zeitgenössische Gelehrte griechischer Zunge, fügt Valla hinzu, hielten zudem (sc. den Ketzer) Apollinaris von Laodikeia für den wirklichen Verfasser.[70]

Vallas Kritik ist weiteren Kreisen erst bekannt geworden, als Erasmus von Rotterdam ein Exemplar von dessen *Annotationes* in die Hand bekam und sich umgehend entschloss, sie im Druck herauszubringen. Das geschah in Paris 1505. Elf Jahre später fügte er seiner berühmten Ausgabe des griechischen NT eine Note zu Act 17, 34 bei, in der er Vallas Argumente wiederholte und sie um die Erwägung ergänzte, die vom Autor des CD erwähnten und (allegorisch) gedeuteten kirchlichen Riten passten kaum in das apostolische Zeitalter. Endlich sprach er sich entschieden gegen die Identifizierung des Autors mit Apollinaris aus.[71] Von altgläubiger Seite, besonders von Kartäusermönchen, deswegen heftig attackiert, hat sich Erasmus ausführlich in seiner Antwort auf den 31. Artikel der „Zensur" durch die Pariser Theologische Fakultät im Jahre 1531 verteidigt und betont, er habe sich lediglich einem wohlbegründeten wissenschaftlichen Konsens angeschlossen.[72]

---

[70] *Opera*. Basel 1540 (anast. Nachdr. Turin 1962), I, 852b. Die Identifizierung des Autors mit Apollinaris von Laodicea geht so gut wie sicher auf das „Religionsgespräch" vom Jahre 532/533 (Schwartz ACO IV, 2, 172) bzw. auf eine Bemerkung des Scholiasten („Maximus") zurück, welcher die *Areopagitica* bereits gegen den Vorwurf verteidigen zu müssen glaubte, sie seien schriftliche Erzeugnisse des Apollinaris (PG 4, 85C).

[71] *Novum Instrumentum omne ...*, Basel 1516, 394f. = *Opera Omnia*, hg. v. J. Clericus, Leiden 1706, VI, 503C–F.

[72] *Declarationes ... ad Censuras Lutetiae vulgatas ...*, Antwerpen 1532, 180–182 = *Opera Omnia*, hg. v. J. Clericus, Leiden 1706, IX, 916–917.

Manchen Humanisten gingen die geäußerten Zweifel an der „Echtheit" des CD derart nahe, dass sie darüber jegliches Interesse an diesem Schrifttum verloren.[73] Selbst J. Colet und Erasmus ist es anscheinend fortan vergangen,[74] falls letzterer ein solches Interesse je besaß.

Dionysios Areopagites in der Reformation

Im protestantischen Lager[75] war die Wirkung der Tat Vallas und des Erasmus nicht so eindeutig, wie man meinen möchte. Zwar setzte sich bis zum Ende des Reformationsjahrhunderts die Meinung allgemein durch, dass der Verfasser des CD unmöglich der Paulusschüler Dionys gewesen sein könne. Auf der anderen Seite aber konnte das reformerische Interesse an „Dionys," wer immer es sein mochte, als Teil einer normativen patristischen Tradition fortbestehen, selbst wenn man die areopagitische Verfasserschaft leugnete. Das trifft unter den Älteren vor allem auf Martin Bucer zu, der sich wiederholt auf die dionysia-

---

[73] R. F. Rogers, The Correspondence of Sir Thomas More, Princeton/NJ 1947, 4 sowie die Bemerkung des Erasmus in seinen *Declarationes* (a. a. O.).

[74] Auch davon ist bei Erasmus an der angeführten Stelle seiner *Declarationes* (s. Anm. 68) die Rede.

[75] Die Dionys-Rezeption im Protestantismus wird im wirkungsgeschichtlichen Teil des umfangreichen Artikels im DSp (3, 1957) vollständig mit Schweigen übergangen. Im übrigen wird, wenn überhaupt, Luthers *Dictum* aus *De captivitate Babylonica* (s. u.) angeführt und mit dessen „willkürlicher" Schriftexegese erklärt (so etwa in dem Dionyskapitel von B. McGinn, The foundations of mysticism, London 1992, 157182 [hier: 182]). Um so größer ist das Verdienst, das sich K. Froehlich mit seinem Überblick über „Pseudo-Dionysius und die Reformation des 16. Jahrhunderts" (Froehlich [1987]) erworben hat!

nischen Schriften bezieht und sie als patristische Zeugnisse durchaus schätzt,[76] und späterhin vor allem auf Matthias Flacius Illyricus[77] und Martin Chemnitz.[78] Und es setzt sich fort bei dem Helmstedter Georg Calixt, ohne bei ihm abzubrechen. Dass er, dieser einflussreiche Melanchthonianer und Ireniker, selbst im deutschen Luthertum seiner Zeit nicht vollkommen allein stand, zeigt etwa Gottfried Arnold in seiner Abhandlung „Die geistliche Gestalt eines Evangelischen Lehrers Nach dem Sinn und Exempel der Alten Auff vielfältiges Begehren Ans Licht gestellet" (Halle 1704).[79]

Unter den Reformatoren der ersten Generation erweist sich Zwingli auch darin als getreuer Schüler des Erasmus, dass er sich nach den Entdeckungen des Meisters an Dionys gänzlich uninteressiert zeigt, und das obwohl sich die Werke des großen Dionysbewunderers Pico della Mirandola und auch ein Exemplar der Ausgabe Lefèvres in seiner Bib-

---

[76] Vgl. Froehlich (1987), 45, mit Belegen.

[77] In dessen „Katalog der Wahrheitszeugen" (*Catalogus Testium Veritatis* [Basel 1556]) ist DA als Zeuge gegen allerlei Missbräuche in Zeremonienfragen und hinsichtlich des Zölibats für Kleriker aufgenommen worden (Froehlich [1987], 45). An einer anderen Stelle verweist er auf das CA als Beleg dafür, dass die Eucharistie der frühen Kirche einfacher und eher gemeinschaftszentriert gewesen sei als die römische Messe; hier geht er übrigens (mit Erasmus) davon aus, dass dies Schriften*corpus* auf die Zeit um 300 n.Chr. anzusetzen sei (Froehlich [1987], ebenda).

[78] In seiner berühmten „Überprüfung des Konzils von Trient" (*Examen Concilii Tridentini*); vgl. Froehlich (1987), 45 f.

[79] Zu Calixt s. Froehlich (1987), 46, mit Belegen; zu Arnold s. A.M. Ritter, Das Chrysostomosbild im Pietismus am Beispiel Johann Albrecht Bengels, in: M. Wallraff/R. Brändle (Hg.), Chrysostomosbilder in 1600 Jahren, Berlin 2008 (AKG 105), 347–272; hier: 357 m. Anm. 51.

liothek befanden.[80] Unter anderem erwähnt er den Areopagiten in seiner „Christliche(n) Antwort Zürichs an Bischof Hugo", Inhaber des für Zürich noch immer zuständigen Konstanzer Stuhls, dessen Theologen sich den Zürchern gegenüber ebenfalls auf Dionys berufen hatten. Zwingli wischt das vom Tisch mit dem Bemerken: „Was Dionysius anlangt, so weißt du sehr gut aus den *annotationes* des Erasmus, ob er derjenige sei, den Paulus in Athen zum Glauben bekehrte."[81]

Melanchthon, der Ficinos Dionysbegeisterung über seine Tübinger Lehrer kannte und vermutlich auch, wie W. Maurer gezeigt hat,[82] mit den Texten vertraut war, hat sich dennoch, als sie von Gegnern als Autorität für die ältesten Kirchenbräuche bemüht wurden, schroff dagegen gewandt und Dionys als „neuerlich (sc. lange nach der Apostelzeit) aufgetretenen, erfundenen Autor" (*auctor novus et fictus*) bezeichnet.[83]. Im übrigen hat er dessen „Kirchlicher Hierarchie" wenigstens nicht jeglichen kirchengeschichtlichen Wert abgesprochen, den Rest allerdings für rein spekulativ gehalten.[84]

---

[80] Vgl. dazu W. Köhler, Huldrych Zwinglis Bibliothek, Zürich 1921 (Neujahrsblatt auf das Jahr 1921, zum Besten des Waisenhauses in Zürich herausgegeben von der Gelehrten Gesellschaft 84. Stück); A. Schindler, Zwingli und die Kirchenväter, Zürich 1984 (Neujahrsblatt zum Besten des Waisenhauses in Zürich ... 147. Stück).

[81] CR 90, 1914, 219; die drei anderen von Schindler, ebenda, 93, angeführten Belege sind zu streichen.

[82] W. Maurer, Der junge Melanchthon zwischen Humanismus und Reformation, Göttingen 1967, I, 100. 140f.

[83] Ph. Melanchthon, *Tractatus de potestate papae*, BSELK, Göttingen 2014, 826 m. Anm. 107.

[84] S. Ph. Melanchthon, *De ecclesia et de auctoritate Verbi Dei*, in: CR 23, 1855, 601. 612f.; vgl. dazu Fraenkel [1961], 84, Anm. 172).

Calvin endlich scheint eine ähnliche Richtung eingeschlagen zu haben. Er war mit dem CD sichtlich vertraut, teilte aber ganz und gar des Erasmus Bedenken gegen seine „Echtheit“ und vermehrte sie noch durch eigene.[85] Wie er bei aller Sympathie für Plato, den „religiösesten und nüchternsten unter allen Philosophen“,[86] selbst seinen geliebten Augustin als „zu platonisch“ kritisieren konnte,[87] so überrascht es nicht, dass er ebenfalls gegen DA polemisierte, „wer immer er sein mag“. Die „Himmlische Hierarchie“ war seine Hauptzielscheibe; hier verbreite sich Dionysius über die Mysterien Gottes und die Engel und beanspruche, mehr zu wissen, als Menschen wissen können. So sei er ein hervorragendes Beispiel für *curiositas*, also für unerlaubte Spekulation über das hinaus, was Gott geoffenbart hat.[88] Gleichwohl, gesteht Calvin zu, enthalte das Buch „einige Dinge, die nicht völlig zu verachten sind“.[89]

Bei Luther liegen die Dinge etwas komplizierter; deshalb wäre an sich auch eingehender von ihm zu handeln. Ich muss mich hier jedoch darauf beschränken, Sinn und Tragweite einer seiner schärfsten kritischen Äußerungen über

---

[85] Vgl. seinen Kommentar zu Act 17, 34, CR 76, 1892, 432; weitere Belege bei FROEHLICH [1987], 41, Anm. 33.

[86] P. BARTH/W. NIESEL [Hgg.], *Ioannis Calvini Institutio Christianae Religionis* I 5. 11, München 1928 [*Ioannis Calvini Opera Selecta* III], 55, 27f.; zu weiteren Belegen s. FROEHLICH 8 (1987), 44, Anm. 47.

[87] Kommentar zu Joh 1, 3, CR 75, 1892,4; vgl. C. PARTEE, Calvin and Classical Philosophy, Leiden 1977 (SHCT14); zit. bei FROEHLICH (1987), 44, Anm. 48.

[88] Vgl. *Institutio* I 14. 4 (157,8–20 Barth/Niesel) u.ö. Diesen Vorwurf der Verstiegenheit, der „grenzüberschreitenden“ *curiositas* der dionysianischen Engel- und Hierarchienlehre hätte deren Autor, angesichts der reichen proklischen Parallelen, wohl kaum nachvollziehen können oder auch nur verstanden!

[89] Im Kommentar zu Act 17,34 (wie oben, Anm. 85).

DA, die auch immer wieder zitiert – und oft genug missdeutet – wird, zu beleuchten, und fädele das folgendermaßen ein: Der sog. „junge Luther" kannte das dionysianische Schrifttum offenbar recht gut.[90] Er wußte um die Flut von neuen Übersetzungen und Kommentaren, vor allem zur „Mystischen Theologie".[91] Seine Dionyslektüre muss, wie K. Froehlich wohl nicht ohne Grund vermutet, auf seine frühen Mönchsjahre zurückgehen.[92] Zusammen mit Bernhard von Clairvaux, Bonaventura und neueren Schriftstellern wie Johannes Tauler und Jean Gerson dürfte DA zur geistlichen Nahrung wie vieler ernsthafter Mönche, so auch Luthers gehört haben. Man denkt sich, dass, nach anfänglichem Wohlwollen, eine Wende in Luthers Verhältnis zu DA[93] mit der Leipziger Disputation im Juli 1519 eintrat, bei der sich Eck gegen Luther auf Dionys als apostolischen Gewährsmann des päpstlichen Primats und der katholischen Bußlehre berief. Luther tat in der Debatte, wohl zurecht, beide Inanspruchnahmen als unbegründet ab, noch ohne die Autorität des dionysianischen Schriften*corpus* als solchen anzugreifen. Von der zweiten Psalmenvorlesung (1518/19–1521) an aber erscheint bei ihm die erasmische

---

[90] Aufgrund des Personenregisters der WA ist das inzwischen leicht zu überprüfen. Die gründlichste Untersuchung dazu ist P. Rorem zu verdanken in seinem Beitrag „Martin Luther's Christocentric Critique of Pseudo-Dionysian Spirituality" in: Lutheran Quarterly 11 (1997) 291–307; wieder abgedr. in: Rorem (2015), 101–119, wonach hier zitiert wird.

[91] S. oben, S. 44f.

[92] Froehlich (1987), 41.

[93] Rorem (2015), 104–108, spricht sich hingegen, mit beachtlichen Gründen, wie zuvor schon Froehlich (1987), 41–44, sowie K.-H. Zur Mühlen, *Nos extra Nos.* Theologie zwischen Mystik und Scholastik, Tübingen 1972, 51–66. 110f. 200–203, dagegen aus und betont die „Konsistenz von Luthers Kritik".

Wendung „jener Dionys, wer immer das gewesen sein mag" (*Dionysius ille quisquis fuerit*) so gut wie regelmäßig, verbunden mit offener und mehr oder weniger grundsätzlicher Kritik. Eine der schärfsten – und ehesten bekannten – kritischen Äußerungen findet sich in der Schrift „Von der babylonischen Gefangenschaft der Kirche" (*De captivitate Babylonica praeludium* [1520]). Den Anlass bot die Inanspruchnahme des DA für die Lehre von der Siebenzahl der Sakramente, wie sie sich im mittelalterlichen Katholizismus herausgebildet hatte. In seiner Antwort weist Luther zunächst auf die isolierte Stellung des Dionysius *in dieser Hinsicht* hin (*Recens enim est inventio sacramentorum*), um dann fortzufahren:

Doch um noch kühner zu sein: Mir passt es ganz und gar nicht, dass man jenem Dionysius, wer er auch immer war, so viel (Autorität) zugesteht, obwohl sich bei ihm nahezu nichts an solider Bildung findet. Denn was in der ‚Himmlischen Hierarchie' bezüglich der Engel erwähnt wird, einem Buch, an dem sich neugierige und abergläubische Geister schon so (ungeheuerlich) abgemüht haben: Welche Autorität oder Vernunft haben da, so frage ich, seine Beweisführungen? Sind das nicht alles seine eigenen Gedankenfündlein und Träumen zum Verwechseln ähnlich, sofern du unvoreingenommen liest und urteilst? In seiner ‚Mystischen Theologie', derentwegen sich gerade die unwissendsten Theologaster dermaßen aufblasen, erweist er sich als höchst verderblich, indem er mehr als Platoniker denkt denn als Christ, so dass ich nicht wollte, eine gläubige Seele wendete auch nur die geringste Mühe an diese Bücher. Christus lernst du dort so wenig kennen, dass du ihn vielmehr wieder vergisst, wenn du ihn bereits kennst. Ich rede aus Erfahrung. Wir wollen lieber auf Paulus hören, damit wir Jesus Christus kennenlernen, und zwar als den Gekreuzigten. Das nämlich ist der Weg, das Leben und die Wahrheit, das die Stufenleiter, auf der man zum Vater gelangt, wie geschrieben steht: „Niemand kommt zum Vater denn durch mich" (Joh 14,6). (*Atque mihi [ut magis temerarius sim] in totum displicet, tantum tribui, quis-*

quis fuerit, Dionysio illi, cum ferme nihil in eo sit solidae eruditionis. Nam, ea quae in coelesti hierarchi de angelis comminiscitur, in quo libro, sic sudarunt curiosa et superstitiosa ingenia, qua rogo autoritate aut ratione probat? Nonne omnia sunt illius meditata, ac prope somniis simillima, si libere legas et iudices? In Theologia uero mystica, quam sic inflant ignorantissimi quidam Theologistae, etiam pernitiosissimus est, plus platonisans quam Christianisans, ita ut nollem, fidelem animum his libris operam dare uel minimam. Christum ibi adeo non disces, ut si etiam scias, amittas. Expertus loquor, Paulum potius audiamus, ut Iesum Christum, et hunc crucifixum discamus. Haec est enim uia, uita et ueritas, haec scala per quam uenitur ad patrem. Sicut dicit, ‚Nemo uenit ad patrem nisi per me‘ [WA 6, 562, 3–14]).

An dieser kritischen Sicht hat sich bei Luther nichts mehr geändert.[94] Seine Kritik zielt auf zweierlei: erstens auf die Beanspruchung des Dionys durch die Altgläubigen zur Stützung ihrer Ansprüche auf apostolischen Ursprung der hierarchischen Verfassung der römischen Kirche und ihres sakramentalen Systems. Hier kommt ihm die Destruktion der angeblichen Apostelschülerschaft des Verfassers des CA durch L. Valla und Erasmus wie gerufen. Zum zweiten zielt Luthers Kritik, wie schon an der angeführten Stelle aus *De captivitate*, auf den mit dem Vorrang des „Platonischen“ vor dem „Christlichen“ – hier heißt es nun ausdrücklich *plus quam* statt *primo ac deinde*! – für ihn zwangsläufig gegebenen Widerspruch gegen die „Kreuzestheologie“ (*theologia crucis*)[95] – aber ist er das, *zwangs-*

---

[94] Vgl. dazu jetzt bes. Rorem (2015), bes. 104–111.

[95] In seiner „christozentrischen Kritik“ an DA hatte Luther, wie Rorem (2015), 111–119, gezeigt hat, durchaus Vorgänger, im „Osten“ (Maximus Confessor) so gut wie im „Westen“ (Bernhard von Clairvaux und Bonaventura vor allem), ohne dass ihm das bewusst gewesen sein muss (vgl. auch den folgenden Beitrag seines Sammelbandes, betitelt „Negative Theologies and the Cross“ [Rorem (2015), 121–141;

läufig? Luther wurde sich dessen bald bewusst, dass ihn die Zurückweisung des dionysianischen Platonismus die Freundschaft mit manchem Humanisten kosten konnte. Und er hat diese Konsequenzen, wie allgemein bekannt, nicht gescheut.[96]

Dionysios Ps.-Areopagites in der Philosophie der Neuzeit

Während DA schon bei den katholischen Kontroverstheologen der Reformationszeit (R. Bellarmin vor allem) als Wahrheitszeuge gegenüber den protestantischen Neuerern bedeutsam blieb, darüber hinaus aber auch als „Metaphysiker" und „Mystiker" im Katholizismus weit über die Reformationszeit hinaus eine intensive Nachwirkung erzielte,[97] ist es um ihn im nachreformatorischen Protestantismus, nach einigem Geplänkel mit katholischen Kontroversisten (s. oben), alsbald recht still geworden. Das dürfte aber weniger mit Luthers Kritik als mit der Tatsache zusammen-

---

zuerst veröffentlicht, fast gleichzeitig, in: HThR 101 (2008) 451–464, und Lutheran Quarterly 23 (2009) 314–331]).

[96] Zu verweisen ist hier insbesondere auf die erste Antinomerdisputation vom 18. Dezember 1537 (WA 39/1, 389, 18–390, 5).

[97] Vgl. dazu einerseits oben, S. 42ff., sowie S. Lalla, Robert Bellarmin und die Kirchenväter, in: G. Frank u. a. (Hgg.), Die Patristik in der frühen Neuzeit. Die Relektüre der Kirchenväter in den Wissenschaften des 15. bis 18. Jahrhunderts (Melanchthon-Schriften der Stadt Bretten 10), 49–63, andererseits T. Leinkauf, Philologie, Mystik, Metaphysik. Aspekte der Rezeption des Dionysius Areopagita in der Frühen Neuzeit, in: de Andia (Hg. [1997]), 583–609; ferner L. M. Girón-Negrón, Dionysian Thought in Sixteenth-Century Spanish Mystical Theology, in: Coakley/Stang (2009), 163–176.

hängen, dass DA, wie gesehen, der gegenreformatorischen Polemik dienstbar gemacht wurde.[98] Dass die Gesprächsbereitschaft besonders im Luthertum „an sich" sehr viel größer war, als es den Anschein hatte, ließe sich wie an Luther selbst,[99] so erst recht an dem allgemein als gelehrtester und bekanntester Vertreter der lutherischen Orthodoxie geltenden Johann Gerhard (1582–1637),[100] einer Leuchte Jenas und seiner Universität, aufzeigen. Das muss aber hier leider unterbleiben.

In der von den Streitigkeiten des „konfessionellen Zeitalters" kaum noch berührten, maßgeblichen Philosophie der Neuzeit ist die weitere Wirkungsgeschichte des DA, genauso wie die des Neuplatonismus, zunächst einmal mit der Geschichte der Metaphysik eng verbunden, ja auf weite Strecken hin identisch.[101] Nachdem im „metaphysikfeindli-

---

[98] S. dazu auch unten Kap. III (S. 90f.).

[99] Einige Impulse zu einer differenzierenden Beurteilung der Sachlage finden sich im Beitrag von P.J. Malysz, Luther and Dionysius: Beyond Mere Negations, in: Coakley/Stang (2009), 149–162, trotz des problematischen Einleitungssatzes: „Throughout Protestantism's theological history, the works of Dionysius the Areopagite have, by and large, enjoyed a singularly negative reputation."

[100] Seine posthum (1653) herausgegebene „Patrologie", die erste, von der wir überhaupt wissen, sowie die – mustergültig von J.A. Steiger in zwei Bänden (Stuttgart-Bad Cannstatt 2000) edierten *Meditationes Sacrae* (1606/7) und, in anderer Perspektive und Gewichtung, sein dogmatisches Hauptwerk, die *Loci theologici* (in der Erstausgabe Jena 1610–1622 erschienen), belegen eindrücklich den weiten Horizont und die Gesprächsbereitschaft dieses alles andere als engstirnigen „Orthodoxen", weit auch über die eigenen Konfessionsgrenzen hinweg!

[101] Vgl. den „Ausblick" in J. Halfwassens „Plotin"-Büchlein (Halfwassen [2004], 172ff.; hier: 175f.; ferner den wirkungsgeschichtlichen Schlussteil des Plotinparagraphen von C. Horn im „Neuen Ueberweg" (Riedweg/Horn/Wyrwa [Hgg. (2018)]), § 114. 4.

chen Zeitalter der Aufklärung“ der Neuplatonismus in Misskredit geraten war, ist es dem „oppositionelle(n) Geist der Frühromantiker“ (J. Halfwassen) zu verdanken, dass zunächst Plotin einer weitgehenden Vergessenheit entrissen wurde. Es begann, soweit wir wissen, (1798) mit Novalis (F. von Hardenberg).[102] Bald darauf machte sich F. Creuzer, der der romantischen Bewegung eng verbundene Heidelberger Gräzist, Schüler Schellings, erstmals an die Übersetzung der wichtigen Plotinschrift Περὶ φύσεως καὶ θεωρίας καὶ τοῦ ἑνός („Über die Natur, die Betrachtung und das Eine“ [Plotin.*enn.* III 8]) ins Deutsche. 1805, mit ausführlichen Anmerkungen versehen, veröffentlicht,[103] sollte sie eine außerordentliche Wirkung nicht nur auf Goethe[104] und die Romantiker, sondern auch auf die Philosophen des Deutschen Idealismus erzielen.[105] Während sich der Theo-

[102] Belehrt durch das mehrbändige Werk „Geist der spekulativen Philosophie“ des Marburger Philosophiehistorikers D. Tiedemann (Bd. 3, 1791, 263–433; vgl. F. Koch, Goethe und Plotin, Leipzig 1925, 231), entdeckte er Plotin für sich und war sofort Feuer und Flamme (vgl. H.J. Mähl, Novalis und Plotin, in: Jahrbuch des Freien Deutschen Hochstifts, Göttingen 1963, 139–250).

[103] Im ersten Band der von ihm zusammen mit dem Heidelberger Dogmatiker K. Daub herausgegebenen „Studien“, Frankfurt und Heidelberg 1805.

[104] V. Hansen, „Gleichsam zum erstenmal im Plato gelesen“ – Goethes Platonismus, in: Khoury/Halfwassen (2005), 233–245, hat sie, nach dem Vorgang der verdienstvollen älteren Monographie von F. Koch (s. Anm. 102), eingehend beschrieben und in die Entwicklung von Goethes Beziehung zu Plato und dem Platonismus eingeordnet; zu der „Erstbegegnung“ des 15jährigen mit „der Enneade“ Plotins s. H. Trevelyan, Goethe und die Griechen, Hamburg 1949, 37.

[105] Gewiss war vielen von ihnen Plotin aus der ersten gedruckten Ausgabe des griechischen Textes (Basel 1588), dem die Übersetzung M. Ficinos und dessen Kommentar beigeben war, nicht schlechthin unbekannt (von Goethe und Hegel wissen wir es mit Sicherheit); doch ein mächtiges Vorurteil, genährt durch ganze Historikergeneratio-

loge F.D.E. Schleiermacher in der Einleitung zu seiner bis in unsere Gegenwart vielbenutzten Übersetzung Platos (1804) entschieden gegen eine neuplatonische Lektüre desselben aussprach und damit, zumal in Deutschland, eine nachhaltige Wirkung erzielte, setzte sich Hegel in seinen „Vorlesungen über die Geschichte der Philosophie“[106] nicht minder entschieden dafür ein, Plotin und Proklos den Rang philosophischer Klassiker nicht länger streitig zu machen.

Neben Hegel war Schelling am Neuplatonismus, vor allem an Plotin, aber auch an Porphyrios, Jamblich, Proklos und Damaskios, am meisten interessiert und von neuplatonischen Denkformen und Motiven in seiner eigenen Philosophie stark beeinflusst.[107]

Von dieser Wiederbelebung des Interesses am Neuplatonismus hat allerdings DA offenbar nicht sonderlich profitiert. Es gibt wohl ähnliche Motive und Denkstrukuren, besonders bei Schelling. Aber selbst bei diesem finden sich – bis auf einen, in Schellings „Philosophie der Offenbarung“– nirgends direkte Bezüge. Es heißt an dieser einen Stelle (Ph.Off. I, SW II, 3, 323): „Nun eben dieser Dionysi-

---

nen, versperrte den Zugang. Danach waren nämlich Plotin und der Neuplatonismus „mit dem Odium des Nachklassischen, Epigonalen, Orientalischen, des religiösen Enthusiasmus und des sterilen Kommentierens behaftet“ (C. Horn).

[106] Gehalten 1805/6 in Jena, 1816–18 in Heidelberg, 1819–31 in Berlin, aus Notizen und Mitschriften 1833–1836 hg. v. K.L. Michelet; s. jetzt P. Garniron/W. Jaeschke (Hgg.), G.F.W. Hegel, Vorlesungen über die Geschichte der Philosophie Bd. 8 (3. Griechische Philosophie, II. Plato bis Proklos), Hamburg 1996.

[107] S. dazu W. Beierwaltes, Platonismus und Idealismus, Frankfurt/M. 1972, 100–144; ders., Identität und Differenz, Frankfurt/M. 1980 (^{2}2001), 204–240 (182–227); M. Perkams, Formen neuplatonischen Einheitsdenkens in Schellings früher und mittlerer Philosophie, Freiburger Zeitschr. f. Philosophie u. Theologie 61, 2 (2014) 339–358.

us Areopagita braucht das Wort θεογόνος θεότης (die gottzeugende Gottheit) von dem Vater; ἡ θεόγονος aber, d. h. die gottgezeugte Gottheit ist ihm der Sohn und der Geist" (Ph. Off. I, SW II, 3, 323). Vergleicht man damit die in Frage kommenden Stellen bei DA,[108] so beweist der Zusammenhang, dass von θεόγονος θεότης bei diesem nie die Rede ist. Vielmehr spricht er an der von Schelling sicher gemeinten Stelle (DN 2, 7) von Sohn und Geist als τῆς θεογόνου θεότητος ... βλαστοὶ θεόφυτοι („der gottzeugenden Gottheit ... gottentstammten Sprossen"). Schellings Wiedergabe trifft den Sinn, ist aber ein (sprachlich völlig korrekter) Neologismus.

Nach allem hätte ich Hemmungen, von einer Dionys*rezeption,* geschweige denn von einer Dionysrenaissance, im Deutschen Idealismus zu sprechen, statt von einem gelegentlichen Echo.[109]

---

[108] Vgl. damit aus Dionys: Ep. 9, 1 (194, 8 Ritter [θεογονία]); DN 2, 5 (128, 10 Suchla [dito]); Ep. 9, 1 (194, 11 [κόλπους θεογονικούς]); DN 13, 3 (229, 8 [τὸ θεογόνον]); DN 2, 1 (123, 9f. [θεογόνου θεότητος; der Zusammenhang beweist, dass als Nominativ θεογόνος, und nicht θεόγονος θεότης angenommen werden muss]); 7 (132, 1 f. [dito]).

[109] E. Booth hat in einem Kongressbeitrag in Oxford über „Τὸ ὑπερεῖναι of pseudo-Dionysius and Schelling" (StPatr 23 [1989]) 215–225, unter Bezug vor allem auf DN 5, 5 (184, 2–7 Suchla), DA als eine Quelle für Schellings Konzept der überseienden Transzendenz ausmachen wollen. Das ist gewiss nicht ausgeschlossen; DA verwendet ja den Begriff samt davon Abgeleitetem oder auch Sinnverwandtem (wie „Übergottheit" etc.). Doch ich bin skeptisch, ob es sich dabei um mehr als eine Möglichkeit handelt. Meine Skepsis wird genährt durch die Beobachtungen D. Cürsgens, mir mitgeteilt in einer email vom 23.2.2017. Es heißt darin, Schelling habe DA, obwohl er ihn gelegentlich heranzog, nie „dezidiert dem genuinen Neuplatonismus zugerechnet". „In Schellings Privatbibliothek fanden sich nach seinem Tod keine Texte von Dionysius; in seiner Berliner Zeit benutzte er aber wohl Engelhardts Ausgabe von 1823 ... Als christlicher Neuplatoni-

In der katholischen Theologie und Philosophie freilich riss die Verbindung mit dem dionysianischen Erbe weder im 19. noch im 20. Jahrhundert jemals völlig ab. So stellte es denn auch kein völliges Novum dar, wenn der gelehrte, philosophisch wie theologisch versierte Vorgänger des jetzigen Papstes, der sog. „Theologenpapst" Benedikt XVI.,[110] am 14.5.2008 in Rom eine „Öffentliche Katechese über Di-

---

ker passt Dionysius nicht wirklich in das Bild, das Schelling von dieser Schule entwirft, und zu der geschichtlichen Rolle und Stellung, die er ihr zuweist. Die Kongruenzen mit Proklos bleiben unerwähnt ...". Wo aber DA namentlich erwähnt wird wie an der oben zitierten Stelle aus der „Philosophie der Offenbarung" (hier: in der Ausgabe durch den Sohn [Stuttgart-Augsburg 1858]; ganz ähnlich ist auch der Text in: W. E. Ehrhardt [Hg.], F. W. J. Schelling, Urfassung der Philosophie der Offenbarung, Hamburg 1992, 162f. [freundlicher Hinweis von A. Schmidt-Jena]), da wird er ganz anderen Zusammenhängen zugeordnet, wenn es da heißt: „Die insgemein dem Dionysius Areopagita zugeschriebenen Schriften sind zwar wohl insofern untergeschoben, als sie wenigstens von dem Dionysius, der in der Apostelgeschichte erwähnt wird und den Paulus während seines Aufenthalts in Athen bekehrte – als sie von diesem gewiss sich nicht herschreiben (sic!), aber sie gehören doch in die ersten Jahrhunderte und sind nicht ohne Einfluss auf die Entwicklung oder wenigstens auf manche Bestimmungen des späteren *dogmatischen Lehrbegriffs* [Hervorhebung von A. M. R.] geblieben". Der Paulus-Nachschrift der Philosophie der Offenbarung 1841/42 zufolge (Darmstadt 1843, 533f. [Suhrkamp-Edition von M. Frank, Frankfurt/M. ³1993, 197]) ist er Basilius d. Gr. gleichzustellen: der eine, DA, nenne „den Vater die gottzeugende Gottheit, den Sohn die gottgezeugte, Basilius Magnus reiht die drei auf, als αἰτία προκαταρκτικὴ, δημιουργικὴ und τελειωτική, die Alles zuletzt zum Stehen bringt" (= allem Bestand verleiht). Beide sagten nichts anderes als Paulus Röm 11, 36. S. fügt hinzu: „Die Zeit mangelt mir, um zu beweisen, wie seicht die exegetischen Versuche sind, welche die bestimmte Erwähnung der Trias hier verwischen wollen" (wogegen natürlich der Rationalist Paulus energisch protestiert)!

110 Vgl. J.-H. Tück (Hg.), Der Theologenpapst. Eine kritische Würdigung Benedikts XVI, Freiburg u. a. 2013.

onysius Areopagita“[111] abhielt. Darin stellte er diesen als großen „Vermittler im modernen Dialog zwischen dem Christentum und den mystischen Theologien Asiens“ vor; wie sich ja dessen „zeitlose Theologie“ schon einmal bewährt habe, nämlich im Dialog zwischen dem (neu-)platonischen nicht-christlichen und dem christlichen Denken in der Antike.

Im übrigen haben sich im katastrophenreichen 20. Jahrhundert, weit über traditionelle Bindungen hinaus, neue Zugänge zur christlichen Antike, auch ihren Versuchen eines Brückenschlags zwischen „Athen und Jerusalem“, Platonismus und Christentum eröffnet. Man kann das gut etwa an Weg und Wirken des großen Klassischen Philologen W. Jaeger (1888–1961) verfolgen. Die Erschütterungen der Zeit, zumal die Gräuel des 1. Weltkrieges und all das, was sie hervorriefen, taten das Ihre, um ihn wie viele andere nach neuen Grundlagen des Lebens und der Gesittung Ausschau halten zu lassen. So ist – in enger, freundschaftlicher Verbindung mit dem Philosophen und Pädagogen E. Spranger (1882–1963) – die Idee eines „Dritten Humanismus“[112] geboren worden, *nach* dem Renaissance-Humanismus des 15./ 16. und dem Neuhumanismus des 19. und frühen 20. Jahrhunderts. Die Eigenart dieses „dritten“ (oder „künftigen“) Humanismus, wie J. bald zu sagen pflegte,

---

[111] Im Internet abrufbar unter „Benedikt XVI. Generalaudienz. Mittwoch, 14. Mai. 2008“; am 25. Juni 2008 erfolgte im Rahmen einer weiteren Generalaudienz eine Öffentliche Katechese über den „Hl. Maximus ‚Confessor‘“. Zu den weiteren Kirchenväterkatechesen dieses Papstes s. die Beiträge von M. Fiedrowicz und W. Kinzig zu dem Anm. 111 genannten Sammelwerk (237–273).

[112] Ab der zweiten Auflage seiner „Paideia. Die Formung des griechischen Menschen“ (Bd. I, Berlin 1935) spricht Jaeger von „künftigem Humanismus“.

liegt „in der Weite des Suchens und des Verstehens, das wir Modernen aufzubringen vermögen".[113] Diese „Weite" zeigte sich nicht zuletzt darin, dass nunmehr das Christentum nicht länger, wie es der berühmte Aufklärungshistoriker Edward Gibbon und nach ihm zahlreiche Neuhumanisten wollten (und wollen), für den Niedergang der antiken Kultur hauptverantwortlich gemacht, sondern als eigenständige Fortsetzung des griechischen Bildungsgedankens gewürdigt wird. J.s Name ist für immer verbunden mit der kritischen Ausgabe der *Gregorii Nysseni Opera,* zu der er selbst die Edition von Gregors Hauptwerk *Contra Eunomium* (GNO I. II) beisteuerte; sie hat wesentlich zum Aufblühen der *Studia Gregoriana* im 20. Jahrhundert beigetragen. Er war es auch, der die Anregung gab, die Werke des Dionysios Areopagites herauszugeben.[114]

Nachdem Dionys zu Beginn desselben Jahrhunderts bereits „ein surrealistisches Comeback" erlebt hatte,[115] war es

---

[113] E. Spranger, Der gegenwärtige Stand der Geisteswissenschaften und der Schule, (1922) ²1925, 7.

[114] Vgl. das Geleitwort von E. Mühlenberg zu Suchla (Hg. [1990]), VII.

[115] Formulierung von K. Flasch in seiner bereits zitierten Rezension (s. oben, S. 41, Anm. 38). Gemeint ist in erster Linie H. Ball, der sich in seiner Schrift „Byzantinisches Christentum. Drei Heiligenleben" (München 1923) intensiv mit DA auseinandergesetzt hat (Kap. 2, 61–247). Flasch bechreibt das „Comeback" folgendermaßen: „Woher stammt das Wort DADAismus? Aus der Kindersprache? Aus dem Protest gegen den Sprachverschleiß durch die professionellen Sinnstifter im Ersten Weltkrieg? Mag alles sein, aber Hugo Ball, der Erfinder des Dadaismus, hat das Wort anders erklärt: Es bedeute, D. A. (Dionysius Areopagita) sei zweimal über seine Seele geflogen. Hugo Ball arbeitete seit 1915 an der Kritik der deutschen Intelligenz. Er hielt sie für korrumpiert durch Machtgehabe und Kriegsverherrlichung durch die idealistische Philosophie und durch die institutionell erstarrten Kirchen. Dabei entdeckte er das östliche Christentum als vermeintli-

in der Zeit nach dem Zweiten Weltkrieg dringend angezeigt, „Dionys vom Areopag" dem allzu leichten Zugriff des damals aufwallenden Interesses an Mystik und später auch an der Esoterik möglichst zu entziehen, aber auch die schlechte Laune und das Ressentiment, „womit man oft an das Corpus Dionysiacum heranging",[116] nach Kräften eines Besseren zu belehren.

Doch auch die akademische Philosophie nahm von ihm Notiz, besonders in Frankreich, wo es ähnliche Anzeichen einer gründlichen Neuorientierung gab und eine nicht länger nur an der Scholastik, sondern stärker „patristisch", an den altkirchlichen „Vätern" ausgerichtete „Nouvelle Théologie" auch außerhalb des kirchlich-katholischen Bereichs Aufmerksamkeit erregte.[117] Zu nennen sind vor allem J. Derrida (1930–2004), Begründer und maßgeblicher Vertreter des Dekonstruktivismus, und J.-L. Marion (geboren 1946), ein Schüler Derridas, hochangesehener, wenn auch nicht unumstrittener Vertreter einer religionsphilosophisch ausgerichteten Phänomenologie. Zwischen beiden, Derrida

---

che Gegenkraft, und Dionysius wurde sein Patron. Ein verrückt-gedankenreiches Experiment, dieser D.A.D.A.ismus".

[116] So monierte schon, völlig zurecht, v. Balthasar (1962), 149f.; vgl. auch den Schluss meines Vorwortes in: Ritter (1994), XIII.

[117] Ich habe diese Neuorientierungen, keineswegs nur in Frankreich und Deutschland, in meinem Jerusalemer Vortrag über die Anfänge der „Association Internationale des Études Patristiques" (Ritter [2015]) zu beschreiben versucht. Zur in der Gesprächssituation besonders im Frankreich der Nachkriegszeit begründeten Affinität zwischen Negativer Theologie und Dekonstruktivismus vgl. die bei Rubenstein (2009), 209, zum Thema „Dekonstruktion, anti-ontotheologische Gebärde und negative Theologie" angegebene Literatur mit S. Gersh in seinem Eröffnungsbeitrag zu Butorac/Layne (2017), 17–31, bes. 31f., unter dem Titel „Proclus in the History of Philosophy: Construction and Deconstruction".

und Marion, entwickelte sich über Jahrzehnte hin eine Kontroverse vor allem über das Verständnis der „negativen Theologie", wie sie sie repräsentiert fanden nicht zuletzt durch DA. Wie M.-J. Rubenstein[118] überzeugend zu zeigen vermochte, war es Derrida, der zu DA und dessen von ihm wohl intensiv wahrgenommenen, aber nicht eigentlich „rezipierten" Oeuvre von Anfang an weniger Nähe als Distanz verspürte und ihm bis zuletzt, eben aus seiner im Dekonstruktivismus begründeten Überzeugung heraus, die weder starre Hierarchien noch unumstößliche Gewissheiten duldete, allenfalls einen „lauwarmen Empfang" (a „warm[ly] welcome") bereitete. Ganz anders Marion, der zwar *auch* von Derrida, aber nach eigenem Bezeugen wesentlich stärker von H. Urs von Balthasar – und damit indirekt auch von der „Nouvelle Théologie" in Frankreich – beeinflusst war[119] und für den überdies Thomas von Aquin eine feste Referenzgröße blieb. Von daher waren und sind die Berührungspunkte mit DA und seinem Werk wesentlich zahlreicher und substantieller als bei Derrida, was besonders an seinem Werk „Gott ohne Sein" (Dieu sans l'Être)[120] erkennbar werden dürfte.

Schließlich ist aus Deutschland die hochbegabte Husserlschülerin Edith Stein (1891–1942) zu nennen. In Breslau in einem jüdischen Elternhaus geboren, ist sie unter dem Eindruck der Konversion des zeitweilig in Göttingen leh-

---

[118] Rubenstein (2009).

[119] Vgl. T. Jones, Dionysius in Hans Urs von Balthasar and Jean-Luc Marion, in: Coakley/Stang (2009), 213–224, mit weiterer Literatur.

[120] Zuerst 1982, in 3. erweiterter Auflage 2002 erschienen; auf deren Grundlage wurde eine deutsche Übersetzung (von A. Letzkus), herausgegeben und mit einem Nachwort versehen von K. Ruhstorfer, in Paderborn 2014 veröffentlicht.

renden Philosophen Max Scheler, Sohn einer orthodox-jüdischen Mutter, wenig später selbst (1922) zum Katholizismus übergetreten, den sie nicht als Gegensatz zum Judentum zu begreifen lernte, sondern als dessen Frucht. Als Jüdin und Frau schon vor der Machtergreifung des NS ohne Aussicht auf eine akademische Karriere in Deutschland, setzte sie ihren wissenschaftlichen Ehrgeiz darein, Husserls Philosophie mit dem Christentum zu verbinden, Brücken zu errichten zwischen katholischer Tradition und moderner Gegenwart, zwischen Edmund Husserl und Thomas von Aquin. In diesen Zusammenhang gehört auch ihr Versuch einer Aneignung des CA in ihrer posthum veröffentlichten Studie „Wege der Gotteserkenntnis. Die *Symbolische Theologie* des Areopagiten und ihre sachlichen Voraussetzungen".[121]

[121] Zuerst auf Deutsch in der „Tijdschrift voor Philosophie" 8, 1 (Febr. 1946) und danach in englischer Übersetzung in der Zeitschrift „The Thomist" 9, 3 (Juli 1946) erschienen, ist der Text zusammen mit einer Arbeitsübersetzung (fast) des gesamten CA in der „Edith Stein Gesamtausgabe" als Band 17 veröffentlicht worden (Stein [2003], 21-58), wonach hier zitiert wird; s. dazu außer der „Einführung" von B. Beckmann in den genannten Band (2–20) die Würdigung durch Y. de Andia, L'interprétation de „La Théologie Symbolique" de l'Aréopagite par Édith Stein, in: de Andia (2006), 299–323, sowie zu Person und Schicksal E.S.s das eindrucksvolle Porträt von H. Detering, Edith Stein in Göttingen. Die dunkle Nacht der Seele, in: C. Freudenstein (Hg.), Göttinger Stadtgespräche. Persönlichkeiten aus Kultur, Politik, Wirtschaft und Wissenschaft erinnern an Größen ihrer Stadt, Göttingen 2016, 216–221. – Den Begriff „Symbolische Theologie" deutete E.S. im Anschluss an Ex 19 so: „Gott will durch die, zu denen Er auf dem Gipfel des Berges spricht, zu denen sprechen, die sie unten zurückgelassen haben. [...] Er gibt seinen Theologen die Worte und Bilder, die es ihnen möglich machen, anderen (sic!) von Ihm zu sprechen. Und Er spricht zu den andern als ‚symbolischer' Theologe – durch die Natur, durch die innere Erfahrung und durch seine Spuren in Men-

Es ging ihr darin nicht zuletzt darum, die Grenzen der ‚Sprachspiele' theologischer Rede auszuloten. Es ist das die Summe jahrelanger, freilich unter äußerst erschwerten Bedingungen unternommener Auseinandersetzung mit dem „ersten christlichen Mystiker". Zugleich zählte er für sie zu den folgenreichsten Denkern des Abendlandes, neben Aristoteles und Augustin, weil er den „vornehmlich bewegende(n) Kräfte(n)" angehöre, welche „das abendländische Denken des Mittelalters", zumal dasjenige des Thomas von Aquin, „geformt haben und, von ihm vermittelt, als lebendiges Erbe noch in unserer Zeit fortwirken".[122] So gesehen, wird man diesem ihrem Urteil schwerlich widersprechen können. – Man liest dies Werk mit anderen Augen, wenn man weiß, welches Schicksal dahinter steht:

[*1933, nachdem sich ihr schon lange vorher Tür um Tür verschloss, nimmt E. Stein*] ihr Scheitern an, willigt in es ein, will es. Sie tritt in das strengste Kloster ein, das sie finden kann, in die Klostergemeinschaft der Karmelitinnen, den Orden der heiligen Teresa. Weil sie nirgends die Erste werden durfte, wird sie, als unbeschuhte Karmelitin, die Letzte. Aus ‚Edith Stein' wird ‚Teresa Benedicta a Cruce' … Auf dem Weg über die heilige Teresa, der sie in Göttingen zuerst begegnet war, entdeckt sie die Kreuzes- und Leidensmystik des Johannes vom Kreuz …, dessen spanische Dichtungen sie kongenial übersetzt. Sie schreibt Bücher, die mit größter Klarheit die Dunkelheit dieser Mystik erhellen, zunächst ihr philosophisches Hauptwerk ‚Endliches und ewiges Sein', dann die Juan de la Cruz gewidmete ‚Kreuzeswissenschaft'. Sie hört nicht auf, und sie gibt nicht auf, auch nicht nach der Flucht aus Deutschland in das Kloster Echt in den Niederlanden 1938, aus dem sie – nachdem der Versuch einer Auswanderung in die Schweiz gescheitert ist – 1942 deportiert wird, zusammen mit ihrer Schwester Rosa, die

---

schenleben und Weltgeschehen – und macht es ihnen dadurch möglich, die Sprache der Theologen zu verstehen" (Stein [2003], 58).

[122] Ebenda, 22.

mittlerweile ebenfalls konvertiert ist und in der Klostergemeinschaft als Pförtnerin Dienst tut …

Die(se) Nachfolge endete im August 1942 im Vernichtungslager Auschwitz …

Für sie, die Jüdin, die selbstbewusste Frau, die scharfsinnige Intellektuelle, die fromme Ordensfrau – für sie blieben im entscheidenden Augenblick die Türen geschlossen. Alle Türen, auch die ihrer Kirche.

Eben deshalb wurde gerade sie dann für den polnischen Papst Johannes Paul II. in seinem Bemühen um einen neuen Umgang mit der Schuld der Christen an den Juden zu einer so wichtigen Gestalt. Eben deshalb hat er sie zu den höchsten Ehren erhoben, zu denen die katholische Kirche sie erheben konnte.[123]

---

[123] H. Detering (wie vorige Anm.), 220f. Gemeint ist mit „den höchsten Ehren“ die Seligsprechung (1987) und die Heiligsprechung (1998).

III.

Zur modernen „Dionys"-Forschung: Probleme und Perspektiven

Über die moderne Dionys-Forschung ist, bevor man auf „Probleme" zu sprechen kommt, zunächst einmal von positiven Entwicklungen, von wirklichen Fortschritten zu berichten. Sie ist ebenso dynamisch wie Disziplinen und Länder, ja Kontinente übergreifend; so dynamisch, dass es keineswegs leicht fällt, den Überblick zu bewahren.

Anders also, als manche befürchteten, ist das Interesse an DA darüber offensichtlich nicht erloschen, dass seit den unabhängig von einander entstandenen und veröffentlichten Untersuchungen von J. Stiglmayr und H. Koch[1] kein Zweifel mehr daran bestehen kann, dass unser Autor nicht der Zeit der Apostel, sondern der um 500 n.Chr. angehört. Vielmehr scheint er sich mit seinem erhaltenen Schrifttum heutzutage sogar vermehrter Aufmerksamkeit zu erfreuen, und zwar unter theologisch wie philosophisch Interessierten in *aller* Welt. Und das muss ja seine Gründe haben!

Zum andern gibt es, bei aller Meinungsvielfalt, auch allen Problemen, auf die ich bald zu sprechen komme, glücklicherweise genügend Übereinstimmungen oder doch wenigstens Verständigungsmöglichkeiten, wenn auch leider nicht mit allen. So wird immer wieder einmal der Versuch unternommen, das Geheimnis um die Identität des Verfas-

---

[1] Stiglmayr (1895/95); Koch (1895a).

sers zu lüften.[2] Doch soweit ich sehe, ist es, weitgehend, heutiger Forschungskonsens, dass sich bis zum Auftauchen eines, bislang noch unentdeckten, *zwingenden* Beweises anscheinend das Inkognito des Autors, trotz allen bisher darauf verwandten Scharfsinns, nicht enträtseln lässt!

Das betrifft leider auch den in den 40er und 50er Jahren des vorigen Jahrhunderts – und zwar ebenfalls unabhängig von einander – von S. Nutsubidze und E. Honigmann unterbreiteten,[3] vor allem von georgischen For-

---

[2] S. jetzt aber Lankila (2017), 175–178 über neuerliche Identifizierungsvorschläge (von B. Lourié und I. Perczel); auch er selbst beteiligt sich am Ende an dergleichen Spekulationen (s. dazu unten Anhang). Über den jüngst, von C.M. Mazzucchi in seinem Begleitessay zur Neuauflage der Übersetzung des areopagitischen Gesamtwerks ins Italienische durch P. Scazzoso (Mazzucchi [2009]) unterbreiteten Vorschlag, in dem Philosophen Damaskios den Autor des CA zu sehen, dürfte kaum mehr ein Wort zu verlieren sein. Ist diese, anscheinend auf R. Hathaway zurückgehende, Identizierung schon in sich unwahrscheinlich, wenn nicht gar zum Scheitern verurteilt, weil uns von Damaskios eine ausgeprägt antichristliche Tendenz gut bezeugt ist (s. Ritter [1994], 9, Anm. 24), so kommt der Zuspitzung, die M. aus dem Hathawayschen Identifizierungsvorschlag herausgesponnen hat, erst recht nicht die Spur von Plausibilität zu. Seine These darf vielmehr als durch G. Curiello, Pseudo-Dionysius and Damascius. An Impossible Identification, Dionysius 31 (2013) 101–116, widerlegt gelten (so zurecht auch Rorem [2015], 5, Anm. 5).

[3] S. Nutsubidze, Geheimnis des Pseudo-Dionysius Areopagita (in russ. Sprache), Tiflis/Tbilisi 1942; dieses Buch ist mir so wenig zugänglich gewesen wie E. Honigmann in dessen Monographie (Honigmann [1952]), die dann, von Nutsubidze ins Russische übersetzt, eingeleitet und kommentiert, 1955 auch in Tiflis erschien (mir ebenso unerreichbar). Meine Kenntnis von Nutsubidzes Thesen und deren Verhältnis zu denjenigen Honigmanns beruhen in erster Linie auf einem längeren Auszug aus dessen wiederum in russ. Sprache in Tiflis 1960 veröffentlichter „Geschichte der georgischen Philosophie" (zit. Nutsubidze [2013]). Vgl. aber auch V. Chachanidze, Petrus der Iberer und Ausgrabungen eines georgischen Klosters in Jerusalem (in

schern,[4] schon aus begreiflichem Nationalstolz, mit Begeisterung aufgenommenen Identifizierungsvorschlag.[5] Diesem Vorschlag zufolge wäre nämlich der Verfasser des CA in Petros „dem Iberer“ (*Petrus Iber*) zu sehen,[6] einem Prinzen aus königlichem Geschlecht in Ostgeorgien. Er starb am 1. Dezember 491, annähernd 84jährig, im Geruch der Heiligkeit stehend und als Visionär und Krankenheiler hochgeehrt. Der Vorschlag Nutsubidzes und Honigmanns ist seinerzeit – nach und neben anderen – von einem der besten Dionyskenner des vergangenen Jahrhunderts, R. Roques, eingehend geprüft – und verworfen worden.[7] Seither schienen über diesem Versuch die Akten geschlossen zu sein, bis 1991 M. van Esbroeck auf dem Internationalen Patristikerkongress in Oxford die Debatte über *Petrus Iber* und das CA neu eröffnete. Er versuchte zu zeigen, dass die bislang gegen die Honigmannsche Hypothese – der Beitrag von Nutsubidze war dem polyglotten Autor offensichtlich unbekannt –, ins Feld geführten Argumente nicht absolut hieb- und stichfest seien.[8] Doch weil auch bei seinem Ver-

---

georg. Sprache), Tiflis 1974, der wenigstens kurz auf den Nutsubidze-Honigmannschen Identifizierungsvorschlag einging. – In Anbetracht der unbezweifelbaren Priorität Nutsubidzes sollte man sich in Zukunft auch außerhalb Georgiens angewöhnen, von der Nutsubidze-Honigmannschen Hypothese zu sprechen!

[4] Allerdings war der Beifall in Georgien, und Russland, auch nicht ungeteilt (Nutsubidze [2013], 14 f.).

[5] Ich rede an dieser Stelle überhaupt nur davon wegen der traditionell guten Beziehungen zwischen Jena und Tiflis/Tbilisi, besonders den Altertumswissenschaftlern hier und dort.

[6] „Iberer“ ist hier im Sinne der antiken Bezeichnung für die Bevölkerung Ostgeorgiens zu verstehen, nicht der von uns sog. Iberischen Halbinsel (Spaniens und Portugals).

[7] Vgl. seine Rezension: R. Roques, Pierre l’Iberien et le „Corpus“ dionysien, in: RHR 145 (1954) 69–98.

[8] S. v. Esbroeck (1993), 217–227. Dass der Autor anfangs betont,

such eher flüchtige Anklänge, Koinzidenzen und Parallelen eine Haupt-, gründliche Inhaltsanalysen des CA dagegen eine Nebenrolle spielten, vermochten seine Argumente wenig zu überzeugen und die von ihm erhoffte „Wende“ nicht herbeizuführen. Was ich ihm noch in Oxford und anschließend brieflich zu bedenken gab, will ich hier gern wiederholen: Wer die Diskussion um die Verfasserfrage des CA neu eröffnen möchte, wird beherzigen müssen, was J. Stiglmayr schon vor über 120 Jahren so formulierte: Man muss vor allen Dingen die Schriften selbst befragen, „um wenigstens einige Indizien über“ deren „unbekannten Verfasser zu gewinnen“.[9]

Die Anfänge der modernen Dionysforschung

Der große Unbekannte, der also bis auf weiteres unbekannt zu bleiben scheint, auch wenn wir seinen Namen „Dionys“ *möglicherweise* kennen – doch was besagt das schon, ange-

Ziel seines Vortrages sei es nicht „to challenge the view that Peter the Iberian was the principal author of the Dionysiac Corpus“, ist vielleicht eine Reaktion auf unsere Korrespondenz im Anschluss an seinen Oxforder Vortrag. Die Formulierung ist jedoch nicht besonders überzeugend, weil dem Leser bald genug erkennbar wird, dass v. E. sehr wohl, nach wie vor, die genannte „Sicht“ teilt. Zur Kritik s. meine Bemerkungen in meiner Gesamteinleitung zur kommentierten Übersetzungsausgabe (= Ritter [1994], 16f.), und vor allem im Beitrag zur Thraede-Festschrift (Ritter [1995], 106–108).

[9] Im Vorwort zu seiner kommentierten Übersetzungsausgabe der beiden Hierarchienschriften (Bibliothek der Kirchenväter, 2. Reihe, Bd. 2, Kempten-München 1911, VIII. – Da auch Nutsubidzes Argumentation (Nutsubidze [2013]) an demselben Mangel leidet, wie oben mit Blick auf van Esbroeck angedeutet, kann ich bedauerlicherweise nicht erkennen, dass mit dieser – gleichwohl begrüssenswerten! – Neuveröffentlichung eine neue Gesprächslage entstanden sei.

sichts der zahllosen Träger dieses Namens bereits in der Antike? –, er stößt, wie gesagt, nach wie vor auf großes Interesse. Wie dieses zu erklären sei, soll uns an dieser Stelle nicht weiter beschäftigen. Hier sei nur erwähnt, dass sich die seit dem vorläufigen Ende des Streits um die Frage: Wer war der Autor des CA? eher mit zunehmender Intensität betriebene Dionysforschung in eigentümlichen Wellenbewegungen vollzieht. Sie pendelt zwischen zwei Polen hin und her: denen einer ganz und gar ‚christlichen' und einer auch mit mehr oder minder weitreichenden philosophischen Einflüssen rechnenden und diesen nachgehenden, anders gesagt, zwischen denen einer ganzheitlichen (‚holistischen') und einer auch Spannungen, Schichten, gelegentlich selbst Defizite wahrnehmenden Deutung. Ich möchte das aus der Anfangszeit der neueren Dionysforschung am Gegenüber der Monographien von R. Roques und W. Völker einerseits, J. Vanneste und H. Urs von Balthasar andererseits aufzeigen, mindestens andeutungsweise. Im Anschluss daran gehe ich – nach einem Sprung über mehrere Jahrzehnte hinweg[10] – auf das Forschungsgespräch der

[10] Zu einigen in der Zwischenzeit erschienenen Veröffentlichungen habe ich mich andernorts geäußert: zu den Monographien von Brons (1976), Rorem (1984) und Louth (1989) in Ritter (1994), 26–29; zu Rorems Kommentar zum CA (Rorem [1993]) in Ritter (1995), 175–181; zur überarbeiteten Fassung von A. Golitzins Oxforder Dissertation aus dem Jahr 1980 (= Golitzin [1994]) in Ritter (2004), 269–271. 272f.; zu Rorems gemeinsam mit J. Lamoreaux erarbeitetem Kommentar zum DA-Kommentar des Johannes von Skythopolis (Rorem/Lamoreaux [1998]) in VigChr 56 (1998) 213–218; zu zwei kürzeren Beiträgen von W.L. Gombocz (Gombocz [2000]) und Th. Kobusch (Kobusch [1995]), zusammen mit einer Kritik von Rorem/Laymoreaux (1998) in Kurzfassung ebenfalls in Ritter (2004), 263–269. 271f.; zu den Monographien von Y. de Andia (de Andia [2007]), W.-M. Stock (Stock [2008]) und B.R. Suchla (Suchla [2008]) in

Gegenwart ein, allerdings nur anhand weniger markanter Buchveröffentlichungen aus jüngster Zeit.

Als Grundlage der modernen Forschung zu DA gilt allgemein, *nach* Stiglmayr und Koch, die schlechthin meisterhafte Untersuchung von R. Roques über das „dionysianische Universum", „himmlische" und „kirchliche Hierarchie", einschließlich ihrer verschiedenen Stände und Heils- sowie Erkenntnismittel, und damit über die „Struktur der Welt nach Pseudo-Dionysios" überhaupt.[11] Wer nur einen ausreichend erhabenen Standort wählt, kann, wie gesagt, leicht den Eindruck gewinnen, als vollziehe sich die Dionysforschung seither in bestimmten *Wellenbewegungen*. Zu deren Anfängen in größtmöglicher Kürze nur so viel: Während es R. Roques darum ging, in sorgsamer Aufbereitung und systematischer Durchdringung des Materials die Hierarchienlehre des Dionys, unter voller Berücksichtigung ihrer Bezüge zur Kirchenvätertradition einerseits, zum Platonismus aller Schattierungen[12] anderer-

ThLZ 134 (2009) 813–816; zu F. Drewsens Monographie (Drews [2011]) im Gnomon 86 (2014) 114–119. Natürlich betrifft das alles immer noch lediglich einen ganz kleinen Ausschnitt aus der Forschungsdiskussion in der Zwischenzeit, auch nur *etwas* von meinem eigenen, bescheidenen Anteil daran. Eben darum mein Versuch, im Gespräch zu *bleiben,* gerade auch in und mit diesem Band.

[11] Roques, Univers (1954 [1983]). Umgeben war diese Monographie von einer ganzen Serie von Einzelstudien, wie sie auch selbst hervorging aus zwei großen Aufsätzen (vgl. die Bibliographie in Ritter [1994], 174 u. ö.). Ein mächtiger Impuls ging schließlich aus von dem hauptsächlich von R. bestrittenen umfangreichen Dionysartikel im DSp (Roques, Denys [1954]); vgl. auch ders., Dionysius Areopagita, in: RAC 3 (1957) 1075–1121; ders. (mit M. Cappuyens/R. Aubert), Denys le Pseudo-Aréopagite, in: DHGE 14 (1960) 265–310.

[12] Nicht zu vergessen die Vulgärphilosophie, Hermetik, Mantik und Theurgie; wenn man so will, drei ganz unterschiedlichen Formen von ‚Geheimwissenschaft'.

seits, zu entfalten, womit er den Bereich der von ihm so genannten „Ökonomie“[13] umfassend zu behandeln gedachte, sah sich W. Völker in seinem vier Jahre nach R.s „Univers dionysien“ erschienenen Buch mit dem Titel „Kontemplation und Ekstase bei Pseudo-Dionysius Areopagita“[14] zu einer Art Gegenentwurf herausgefordert. Es war der Versuch, als ein Korrektiv zur Überbetonung der noëtisch-erkenntnismäßigen Seite, welche, wie V. zugibt, „die erhaltenen Schriften“ des DA „an sich auch nahelegen“, „die Gesamtheit des frommen Erlebens im Auge“ zu behalten.[15] V. will speziell zeigen, wie Dionys aus einer „ganz bestimmten Frömmigkeit seiner Vorgänger herausgewachsen“ sei, „was natürlich den Einfluss des Proclus in gewissen Bereichen nicht“ ausschließe.[16]

Für J. Vanneste aber war gerade dieser Ansatz beim „frommen Erleben“, in der Sprache des Rennsports gesprochen, ein „Fehlstart“, sofern Dionys es tunlichst vermeide, von Erleben zu sprechen, geschweige denn von seinem eigenen. V. kommt denn auch in seiner Monographie über die Mystik des DA und deren „rationale Struktur“[17] zu völlig anderen Ergebnissen als Völker. Er möchte nachweisen, dass DA keine, wie immer ermöglichte, *Erlebnis*mystik, sondern allein eine der neuplatonischen ganz ähnliche *Erkenntnis*mystik lehre, die eine entsprechende Ontologie (Seinslehre) zur Grundlage habe.[18] Dies verbindet sich bei

[13] D.h. der hierarchischen Heils- und Erkenntnisordnung im Unterschied zu Gotteslehre, Christologie, allgemeiner Erkenntnismetaphysik; vgl. Roques, Univers (1954), 29.

[14] Völker (1958).

[15] Völker (1958), 23.

[16] Ebenda, 24.

[17] Vanneste (1959).

[18] Ebenda, 230.

ihm mit der Annahme eines prinzipiellen Unterschiedes im areopagitischen System, das zwei von einander getrennte Wege und Weisen der Einung mit Gott kenne: durch hierarchische Vermittlung einerseits, den Aufstieg des Individuums auf dem Wege der „Bejahung", vor allem aber auf dem der „Verneinung" andererseits.[19]

Dagegen wiederum hat wenig später H. Urs von Balthasar im Dionyskapitel seiner „Herrlichkeits"-Trilogie[20] energischen Protest eingelegt, in einem Kapitel, das gewiss, schon sprachlich betrachtet, als einer der Höhepunkte der ‚holistischen' Dionysdeutung gelten darf. An ihm haben sich auch nicht wenige neuere Dionysarbeiten, besonders, aber nicht nur in der englischsprachigen Welt, ausdrücklich oder nicht, orientiert. Für v. Balthasar kann von einem derartigen *hiatus*, einem solchen Auseinandergehen zweier Wege, überhaupt keine Rede sein. Vielmehr ist für ihn „die mystische Theologie … die in allen theologischen Aussagen verborgen oder offen gegenwärtige, systematisch notwendige Spitze der gesamten Theologie des Areopagiten: von der Gotteslehre wie von der Kirchenlehre gleicherweise gefordert, somit kein ‚Anhang' für ‚Auserwählte' … Es besteht kein Bruch zwischen der offenen und der verborgenen Theologie, beide fordern einander und verflechten sich, es besteht nicht einmal eine Spannung zwischen Dogmatik und Mystik".[21]

---

[19] Ebenda,13–51; zustimmend äußerte sich auch J.M. Rist, Mysticism and Transcendence in Later Neoplatonism, Hermes 92 (1964) 213–225; hier: 219f.

[20] v. Balthasar (1962).

[21] Ebenda, 207.

Zur gegenwärtigen Diskussionslage

Ich mache jetzt, ohne dieser Wellenbewegung weiter zu folgen oder zu den bisher angesprochenen Ausgangspositionen bereits Stellung zu beziehen, den angekündigten Riesensprung und komme auf einige markante Veröffentlichungen aus den letzten Jahren zu sprechen; zunächst auf eine von S. Coakley und C. Stang edierte Aufsatzsammlung mit dem etwas provozierenden Titel „Re-Thinking Dionysius the Areopagite", [22] was man etwas freier übersetzen könnte mit „DA – neu bedacht". – Was ist daran neu?

S. Coakley von der Universität Cambridge in ihrem Vorwort zufolge gibt es ein „bemerkenswertes *neuerliches* (Hervorhebung von A. M. R.) Aufwallen des Interesses" an Dionys,[23] das für sie zudem „unleugbar" als ein „Nebenprodukt der post-modernen, ‚apophatischen Wut (apophatic rage)'" einzustufen ist; so habe einer die „im Gange befindliche post-Heideggerianische Wende in der kontinentalen Philosophie und Theologie" einmal auf den Begriff gebracht.[24] Es sei ein Aufschwung, den sie offensichtlich auf „Abhandlungen in englischer Sprache" beschränkt sieht; denn von anderem ist höchstens beiläufig einmal die Rede.[25] Und als die „drei Hauptpersonen (principals)", wel-

---

[22] Coakley/Stang (2009).

[23] Ebenda, 1.

[24] Ebenda, 7, Anm. 2. Sie bezieht sich dort auf M. Laird, OSA, ‚Whereof we speak': Gregory of Nyssa, Jean-Luc Marion and the Current Apophatic Rage, Heithrop Journal 42 (2001) 1–12, und sieht (mindestens hauptsächlich) in Marion die „post-Heideggerianische Wende in der kontinentalen Philosophie" repräsentiert und vollzogen.

[25] Z. B. von „einer modernen Ära protestantischer deutscher Geschichtsschreibung", „fixiert auf die säuberliche Scheidung eines christlichen Kerns von seiner hellenistischen Schale" (ebenda, 5). Die dazugehörige Anmerkung lautet schlicht: „À la Harnack" (ebenda, 9,

che diese Renaissance in der allein in Frage kommenden englischsprachigen Literatur repräsentieren, hat sie A. Louth, P. Rorem und A. Golitzin ausgemacht.[26]

In deren Fußspuren bewegt sich nach eigenem Bekunden, auch ihr Mitherausgeber C. Stang, sowohl in seinem eigenen Beitrag zur Sammlung,[27] im Grunde eher einer Vorschau auf seine spätere Buchveröffentlichung – wogegen wenig einzuwenden ist –, wie in der drei Jahre später veröffentlichten Monographie selbst.[28] Darin bezeichnet er ebenfalls „die Renaissance in der Dionysforschung der letzten 30 Jahre" als „durch die Arbeit" der drei Genannten „inauguriert"[29] und schließt sich ihnen dankbar an, wenngleich nicht unkritisch. Dieselbe Ausrichtung behalten, wie sich denken lässt, die neuesten Buchbeiträge von Rorem und Golitzin,[30] während vom Dritten im Bunde, A. Louth, eine weitere Monographie zu DA aus letzter Zeit nicht vorliegt. Jedoch belegen mehrere in dieser Zeit erschienene Aufsätze, dass auch sein methodischer „approach" im wesentlichen der gleiche geblieben ist.

Stangs Bekenntnis zu einer bestimmten Forschungstradition, repräsentiert durch wenige Leitfiguren („principals"), die in seinen Augen einer veritablen „Wiedergeburt" der *Studia Areopagitica* innerhalb der letzten dreißig (!)

Anm. 22). Das genügt ihr offenbar als Beleg; seither scheint es nichts Erwähnenswertes mehr aus dem Bereich der „protestantischen deutschen Historiographie" zu geben.

26 Ebenda, 7, Anm. 5.

27 Coakley/Stang (2009), 11–25 („Dionysius, Paul and the significance of the pseudonym").

28 Stang (2012).

29 Stang (2012), 5; eine leider verkürzte Fassung meiner Besprechung dieses Buches erschien ZAC 19,2 (2015) 400–405.

30 Golitzin (2013); Rorem (2015).

Jahre den Weg gebahnt haben,[31] dürfte in einer gewissen Spannung zu dem Anspruch stehen, selbst einen *neuen* Zugang zum CA zu eröffnen.[32] Doch das sei jetzt vernachlässigt. Denn in der Tat teilt er mit seinen Hauptgewährsleuten, gerade auch in der Art und Weise, wie er seinem Anspruch, auf der Basis des *gesamten* CA zu argumentieren, zu genügen sucht, wesentliche, wenn nicht gar die wesentlichen Voraussetzungen. Alternativen zu dem, was *sie* nach seinem Dafürhalten richtig erkannten, werden nicht erwogen; Kritik, an der es in den zurückliegenden drei Jahrzehnten ja keineswegs gefehlt hat, wird einfach ignoriert. Ich sehe sich darin eine Tendenz fortsetzen, die sich schon länger abzeichnete und gerade durch das Dreigestirn seiner Leitfiguren befördert wurde: dass sich nämlich auf dem Feld der Dionysforschung Parallelgesellschaften, verbunden mit dazugehörigen Zitatkartellen, herausbilden, die kaum noch mit einander kommunizieren. Das aber dürfte – in der Wissenschaft nicht weniger als in der Politik – nicht ungefährlich sein und wirklichen *Erkenntnis*fortschritten, auch einem Über*denken* („Re-*Thinking*") von Forschungspositionen, im Wege stehen. Um seiner selbst willen sollte der noch eher in den Anfängen seiner akademischen Karriere begriffene Verf. nicht fortfahren, mit der Forschungsliteratur so „großzügig", so selektiv umzuge-

---

[31] Vgl. STANG (2012), 5. 31 ff. Es handelt sich fast immer um eine Trias von „principals", wenn auch die Namen gelegentlich wechseln; am häufigsten aber werden genannt P. Rorem, A. Louth und A. Golitzin (s. auch den „General Index" am Schluss des Buches).

[32] Vgl. den Anfang seiner Vorschau (COAKLEY/STANG [2009], 11): „This chapter advances a new approach to the *Corpus Dionysiacum* …" (11). – Ich rede bewusst von einer „gewissen Spannung"; denn dass das Buch überhaupt „nichts Neues" (*nihil novi*) böte, auch darüber hinaus, was er den für ihn wegweisenden Vorgängern verdankt, davon kann gar keine Rede sein.

hen wie in seinem hier zur Debatte stehenen Buch. Dies Verfahren hielt ihn freilich nicht davon ab, Mal um Mal mit erstaunlich weitreichenden, pauschalen Urteilen über den aktuellen Forschungsstand (the „predominant modern reading“ etc.) aufzuwarten.[33]

„Gibt's nichts Drittes“ (Tertium non datur)?

So viel fürs erste zum gegenwärtigen Forschungsgespräch. Falls das Gesagte als exemplarisch gelten darf für die augenblickliche Diskussionslage, so ist diese nach wie vor von erheblichen Spannungen gekennzeichnet. Das ist nicht besonders erfreulich. Schlimmer aber ist und ein gravierender Unterschied zu den eingangs skizzierten munteren, wenn auch kontroversenreichen Anfängen, dass die Form der Auseinandersetzung inzwischen spürbar gelitten hat.

Ich habe nicht die Absicht, mich an dieser Polarisierung zu beteiligen, weder heute noch in Zukunft. Ich werde weiter das Gespräch suchen, wie in der Vergangenheit, wenn auch bisher nur mit bescheidenem Erfolg, was wenigstens die „principals“[34] und ihren ebenso gelehrigen wie begabten „Schüler“ anbelangt. Hier aber will ich statt der Einzelauseinandersetzung – in einem dritten Schritt – den Versuch unternehmen, die erkennbar divergierenden Ansätze miteinander zu verbinden und an einem einzigen Beispiel[35] zu zeigen, wie das m. E. gelingen könnte. – Ich leite das so ein:

---

[33] Zitat Stang (2012), 2. Zur Begründung für die hier nur angedeutete Kritik sei noch einmal auf meine o. a. Besprechung (Anm. 29) verwiesen.

[34] Vgl. oben, Anm. 27.

[35] S. unten, Anm. 43. Im Vortrag in Jena bin ich anders verfahren. Ich habe dort dieselben fünf Beispiele verwandt wie in meinem schon

Im CA sind uns, wie wir früher sahen, – in einem enormen Reichtum der handschriftlichen Überlieferung und zugleich in erstaunlicher Geschlossenheit – vier Abhandlungen philosophisch-theologischen Inhalts erhalten sowie 10 zumeist ganz kurze, aber auch drei „Briefe" von einiger, allerdings unterschiedlicher, Länge erhalten, zum überwiegenden Teil ebenfalls philosophisch-theologischen Fragen gewidmet.[36] Fasst man auch die Titel derjenigen Schriften ins Auge, die der Autor abgefasst haben will oder noch hat abfassen wollen (wie z.B. die „Symbolische Theologie"), ohne dass sich die geringsten Spuren davon erhalten hätten,[37] so wird aus allem ein Wille zum System erkennbar, der bei Beurteilung seines Unterfangens dauernd im Blick behalten werden will.[38] Ein Versuch kündigt sich an, der an Wagemut allenfalls vergleichbar ist dem Philons von Alexandrien, fast fünf Jahrhunderte zuvor, welcher die gesamte pythagoräisch-platonisch-philosophische Tradition, unter Einschluss zahlloser Stoizismen, für den „Gesetzgeber" Mose in Anspruch zu nehmen gedachte.[39]

---

länger vorliegenden, aber noch nicht im Druck erschienenen Überblicksparagraphen (§ 173: „Dionysios Areopagites [*fl.* 500]") für den „Neuen Ueberweg" (s. Riedweg/Horn/Wyrwa [Hgg. (2018)]). Es wäre selbstverständlich unstatthaft gewesen, das im Druck der Jenaer Vorträge zu wiederholen.

[36] S. oben Kap. I.

[37] Außer den bereits genannten sind es Traktate „Über die Seele", „Über das gerechte und göttliche Gericht", „Über die nur geistig und die sinnlich erfassbaren Gegenstände", „Über die göttlichen Hymnen" und „Über die Eigentümlichkeiten und Ordnungen der Engel" (vgl. Suchla [2008], 210).

[38] Nach meinem Heidelberger Philosophenkollegen J. Halfwassen entsteht so das Bild des Christentums als einer konsequent „griechisch-philosophische(n), neuplatonisch interpretierte(n) Religion" (Halfwassen [2004], 165); vgl. auch Suchla (1995), passim.

[39] S. Wear/Dillon (2007), 132. All das spricht m.E. eindeutig ge-

Wie sich das ‚areopagitische' Unterfangen genauer in die spätantike Denkwelt einfügt, dürfte allerdings nur auszumachen sein, nachdem noch wesentlich mehr detaillierte Textvergleiche angestellt worden sind, als bisher geschehen.[40] Allerdings scheint sich bereits so viel mit einiger Sicherheit sagen zu lassen: 1. dass Dionys bei Abfassung seiner Traktate das Werk des Proklos ständig im Blick, vielleicht sogar zur Hand gehabt haben wird;[41] 2. dass das aus diesen Traktaten zu erhebende metaphysisch-theologische System dem des Proklos ähnelt, aber nicht mit ihm identisch, mithin kein Plagiat ist.[42]

---

gen die immer wieder einmal lancierte Hypothese, der Verfasser des CA sei einer der unter Justinians I. Religionspolitik in Bedrängnis geratenen neuplatonischen Philosophen, ob Damaskios oder ein anderer (s. oben, S. 70, Anm. 2), der sich aus Sicherheitsgründen ein christliches Mäntelchen umgehängt habe (vgl. dazu auch unten, den Anhang).

[40] Die Lage verbessert sich jedoch zusehends, wie zuletzt die Millennium-Studie über „Proclus und sein Erbe" (Butorac/Layne [Hgg. (2017)]) beweist, in dem ein eigener Teil (Teil II) mit nicht weniger als neun Beiträgen der Proklos-Rezeption bei DA gewidmet ist. Zuvor war und ist nach wie vor von größtem Nutzen das thematisch breit angelegte Gemeinschaftswerk von Wear/Dillon (2007); vgl. auch die inhaltreiche Skizze J. M. Dillons „Dionysius the Areopagite" in: Gersh (Hg. [2014]).

[41] Nicht nur, dass er, wie längst gesehen (s. H. Koch [1895b]; Stiglmayr [1895]), eine Proklosschrift (*De malorum subsistentia*) in langen Partien (in DN 4) exzerpierte; man hat vielmehr auch ausgerechnet, dass er sich inhaltlich insgesamt 722 mal, direkt oder indirekt, auf das Werk des Proklos bezog (Suchla [2008], 59; derselben Quelle zufolge [ebenda, 34, Anm. 20] lauten die Vergleichszahlen zu Platon und Plotin: 289 [Platon] und 139 [Plotin]).

[42] Wie man ebenfalls längst gesehen hat (s. bes. E. Corsini, Il trattato De divinis nominibus dello Pseudo-Dionigi e i commenti neoplatonici al Parmenide, Turin 1962, passim; ferner Wear/Dillon [2007], Kap. 2. 3, sowie die Mehrzahl der Beiträge zum Verhältnis Proklos – Dionys in Butorac/Layne [Hgg. (2017)]), ist hierfür besonders lehr-

Und nun zu meinem – reichlich problembeladenen – Exempel, das uns zudem, auf den ersten Blick zumindest, von dem Versuch einer sachgerechten *geistesgeschichtlichen* Einordnung des „Dionysius vom Areopag" und seines Werkes abführt. Es steht schließlich auf den ersten Blick mit dessen Hauptthema in keinem erkennbaren Zusammenhang. Geht es doch um so „Unphilosophisches" und scheinbar eher „Nebensächliches" wie „Die Figur des Hierarchen als Heiligenden im Corpus Dionysiacum und deren Auswirkung auf die Ekklesiologie".[43]

---

reich DAs Umgang mit der ersten und der zweiten Hypothese des platonischen *Parmenides* in der Kommentierung des Proklos. „Dionysius cannot be said to be particularly close to Proclus – if anything, he would seem to be indebted to some extent to Porphyry – but that is a consequence of the doctrinal position on the nature of the Christian God which he has to maintain" (DILLON [2014], 116; vgl. S.K. WEAR, Pseudo-Dionysius and Proclus on *Parmenides* 137d: On Parts and Wholes, in: BUTORAC/ LAYNE [2017], 229–231). Auf den trinitarischen Gottesbegriff des Porphyrios hatten freilich schon die ‚orthodoxen' Theologen des späten 4. Jahrhunderts, die großen Kappadozier genau so wie, wenig später, Augustin, rekurriert, weil er es erlaubte, die Gemeinschaft der göttlichen Hypostasen in der Einheit des Wesens (τρεῖς ὑποστάσεις – μία οὐσία) zu verankern, während sich ihre Gegner, ebenfalls in Aufnahme neuplatonischen Denkens, auf die Transzendenz des Einen, über alles Sein und Wesen hinaus, beriefen, um zu begründen, weshalb der Sohn (Logos) unmöglich mit Gottvater wesenseins sein könne (vgl. A.M. RITTER [Bearb.], Die christlichen Lehrentwicklungen bis zum Ende des Spätmittelalters, Göttingen 2011, 201–209. 193–196). Es lässt sich daher nicht zweifelsfrei entscheiden, ob Dionys direkt aus Porphyrios schöpfte oder eher die Trinitätslehre der Kappadozier reproduzierte.

[43] Über dieses Thema war ich eingeladen worden, auf einem internationalen Symposium im *Angelicum* zu Rom (1.–3. Dezember 2005) zu sprechen. Es war ein großer Kreis von Kirchenführern und Wissenschaftlern, meist Theologen, aus verschiedenen Konfessionen versammelt. Gemeinsam sollten diese sich Gedanken machen über „Die Beziehung zwischen Bischof und Ortskirche: Alte und neue Fragen in

Beginnen wir mit dem letztgenannten Einwand und fragen, inwiefern dieses ekklesiologische Thema mit dem der Erkennbarkeit und Erkenntnis Gottes als dem Gegenstand zumindest des bei weitem umfangreichsten Werkes Dionysens in Zusammenhang stehe.

Für den Autor selbst ist die Frage unschwer zu beantworten. Im ontologischen System der Schöpfung, das die Gotteserkenntnis ermöglicht, so lehrt es seine Hauptschrift (DN), ist alles Seiende hierarchisch geordnet. Es hat seine Ursache (αἰτία) und sein Ziel (τέλος) in Gott und ist darum als Heiligungsordnung (ἱεραρχία) zu begreifen. Für die Stufung dieser Ordnung weiß DA in den beiden Hierarchienschriften ethische, gnoseologische und ontologische Argumente zu liefern, da sie für ihn abhängig ist vom Grad der Teilhabe aller Seienden an Gott: je höher dieser Grad, desto größer die Nähe zu Gott.[44] Dabei sei, schärft DA ein, das

---

ökumenischer Perspektive"; so das Thema des Symposiums. Ich hatte ein *Handout* vorbereitet, welches den Zusammenhang meines Vortragsthemas mit dem Hauptinteresse des DA dokumentieren sollte. Ebenso sollte freilich auch eine andere, weniger illuminierende Seite an seinem Denken zu Gesicht kommen. Es genügten, so dachte ich, ein paar kommentierende Bemerkungen, um auf der Basis des *Handouts* mit dem Auditorium ein Gespräch in Gang zu bringen. Doch daran war, schon wegen des engen Zeitrahmens, gar nicht zu denken. Der Vortrag hat denn auch unter seinen ursprünglichen Zuhörern, meiner Wahrnehmung nach, eher Befremden ausgelöst und ist auch in der offiziellen Aktenpublikation in seltsam verfremdeter Gestalt und unvollständig wiedergegeben worden (Ritter [2006]). Doch nicht dies ist der Grund, ihn aus der Versenkung hervorzuholen.

[44] DN 5, 3 (182,1-16 Suchla): „... Und das trifft, meine ich, zu, dass, welche an dem *einen*, unbegrenzt schenkenden Gott reicheren Anteil haben, ihm auch in höherem Grade näher stehen und heiliger sind ist als die dahinter Zurückbleibenden (... Καὶ ἔστιν, ὡς οἶμαι, τοῦτο ἀληθές, ὅτι τὰ μᾶλλον τοῦ ἑνὸς καὶ ἀπειροδώρου θεοῦ μετέχοντα μᾶλλόν εἰσιν αὐτῷ πλησιαίτερα καὶ θειότερα τῶν ἀπολειπομένων)".

Nahesein „nicht in räumlichem Sinne" aufzufassen, „sondern als Empfänglichkeit, Gott aufzunehmen".[45]

Das Ergebnis ist eine zweifache, eine himmlische und eine kirchliche Hierarchie, letztere von DA auch als „unsere", d.h. irdische, menschliche Hierarchie bezeichnet. Beide aus jeweils dreimal beziehungsweise zweimal drei Rängen bestehenden Hierarchien, so führt er weiter aus, seien mit all ihren Untergliederungen von Gott zusammengehalten als einer immerwährend wirksamen ‚Kette' (σειρά). Das meint, dass alle Seienden an Gott teilhaben *und* Gott ihnen allen in gewisser Weise sogar immanent ist, obwohl er gleichzeitig von allem losgelöst und allem gegenüber transzendent bleibt; dass er ihnen ‚innewohnt' als ihr Bezugs- und Zielpunkt für den Rekurs, die Rückkehr des Endlichen zum Unendlichen.

Diese Rückkehr, der *recessus finiti ad infinitum,* ist nach CH und EH an beide Hierarchien geknüpft; umfassen diese doch sämtliche erforderlichen Mittel zur Heiligung.[46] Ich zitiere:

„Hierarchie" allgemein ist, entsprechend der verehrungswürdigen (Autorität) unserer geheiligten Überlieferung, die Gesamtbezeichnung für all das, was es an geheiligten (Handlungen und Erkenntnisvorgängen überhaupt) gibt, die umgreifendste Zusammenfassung der geheiligten Handlungen dieser oder jener (einzelnen) Hierarchie. Die Hierarchie bei uns (Menschen) heißt dem zufolge und ist diejenige Tätigkeit, die alles umfasst, was es an geheiligten Handlungen in ihrem Bereich gibt. Wer ihr entsprechend seines Amtes waltet als göttlicher Hierarch, der wird an allen hochheiligen, in seine Zuständigkeit fallenden Handlungen teilhaben; hat er doch von (ihr,) der Hierarchie, seinen Namen

---

[45] Ep. 8, 2 (180,15f. Ritter: … μὴ τοπικῶς ἐκλάβοις, ἀλλὰ κατὰ τὴν θεοδόχον ἐπιτηδειότητα τὸν πλησιασμόν).

[46] CH 3 [424C-445C; 79, 1–94, 22 Heil]; EH 1, 3 [373C; 65, 22–66, 19 Heil]).

(Hierarch). Wie nämlich, wer von „Hierarchie“ spricht, damit den geordneten Vollzug aller geheiligten Akte auf einmal aussagt (meint), so stellt, wer das Wort „Hierarch“ gebraucht, den von Gott erleuchteten, göttlichen Mann ans Licht, der sich auf das Gesamtgebiet der geheiligten Erkenntnis versteht, in dem sich auch die ihm entsprechende Hierarchie als Ganze rein erfüllt und (klar) erkannt wird (Ἔστι μὲν ἱεραρχία πᾶσα κατὰ τὸ σεπτὸν τῆς ἡμῶν ἱερᾶς παραδόσεως ὁ πᾶς τῶν ὑποκειμένων ἱερῶν λόγος, ἡ καθολικωτάτη τῶν τῆσδε τυχὸν ἱεραρχίας ἢ τῆσδε ἱερῶν συγκεφαλαίωσις. Ἡ καθ' ἡμᾶς οὖν ἱεραρχία λέγεται καὶ ἔστιν ἡ περιεκτικὴ τῶν κατ' αὐτὴν ἁπάντων ἱερῶν πραγματεία, καθ' ἣν ὁ θεῖος ἱεράρχης τελούμενος ἁπάντων ἕξει τῶν κατ' αὐτὸν ἱερωτάτων τὴν μέθεξιν ὡς ἱεραρχίας ἐπώνυμος. Ὡς γὰρ ἱεραρχίαν ὁ φήσας ἁπάντων ὁμοῦ συλλήβδην ἔφη τῶν ἱερῶν τὴν διακόσμησιν, οὕτως ἱεράρχην ὁ λέγων δηλοῖ τὸν ἔνθεον τε καὶ θεῖον ἄνδρα τὸν πάσης ἱερᾶς ἐπιστήμονα γνώσεως, ἐν ᾧ καὶ καθαρῶς ἡ κατ' αὐτὸν ἱεραρχία πᾶσα τελεῖται καὶ γινώσκεται [EH 1, 3 (65, 22–66, 6 Heil); Übers. Heil, geändert]).

Der Grad der Nähe zu Gott entspricht dem ontologischen Rang, und dieser wiederum entspricht der erkenntnismässigen „Erleuchtung.“ Das hat zur Folge, dass die Heilswirkung der priesterlichen Sakramentsspendung von der Gottempfänglichkeit, der persönlichen Heiligkeit (‚Lichtdurchlässigkeit‘) des Sakramentsspenders abhängt. Nur ein heiliger Mann, ein „Heiliger“, ist fähig zu heiligen. Oder mit des DA eigenen Worten zu sagen:

Wenn nun einmal der priesterliche Stand der lichtspendende ist, dann ist, wer kein Licht spendet, und erst recht natürlich, wer (selbst) ohne Licht ist, ganz und gar aus der priesterlichen Ordnung und Vollmacht herausgefallen (Εἰ τοίνυν ἡ τῶν ἱερέων ἐστὶ διακόσμησις ἡ φωτιστική, παντελῶς ἀποπέπτωκε τῆς ἱερατικῆς τάξεως καὶ δυνάμεως ὁ μὴ φωτιστικός, ἦ πού γε μᾶλλον ὁ ἀφώτιστος [Ep. 8, 2 (180, 16–181, 2 Ritter]).[47]

---

[47] Vgl. auch EH 5, 4; 7, θεωρία 7 (107, 6–12; 126, 6–11 Heil) und dazu Ritter (1994), 130f. (Anm. 92).

Und doch kann es bei Dionys, wie wir sahen, über den bischöflichen „Hierarchen" als Heiligenden heißen: lasse einer auch nur das Wort „Hierarch" fallen, so evoziere er (augenblicklich) die Vorstellung eines gotterleuchteten, heiligen Mannes, der sich auf das Gesamtgebiet der geheiligten Erkenntnis versteht, in dem sich überdies die ihm entsprechende Hierarchie rein erfüllt und klar zu erkennen gibt.[48]

DA übernimmt dies Verständnis von (bischöflichem) Priestertum (*sacerdotium*) offensichtlich von Origenes.[49] Und indem er das tut, übernimmt er nicht allein „donatistische" Ideen,[50] sondern ignoriert auch ein zentrales Thema des antidonatistischen Diskurses seiner Zeit und plädiert stattdessen für ein vorkonstantinisches Ideal von Heiligkeit.[51]

Was nun die „ekklesiologische Relevanz" dieses dionysianischen Konzeptes vom „Hierarchen als Heiligendem" (sanctifier) anlangt, so ist eine dieser Konsequenzen, wie vor allem Brief 8 lehrt, die strikte Unterordnung der Mönche unter den Klerus, einschließlich der Diakone als der

---

[48] Ich wagte, in Rom in diesem Zusammenhang an die anwesenden Bischöfe die Frage zu richten, wie diese Aussage des DA auf sie wirke; ob sie sie ohne weiteres unterschreiben könnten. Und ich löste natürlich Irritationen aus. Aber eben das macht ein Stück weit die Ambivalenz aus, von der man an dieser Stelle bei DA sprechen *muss*.

[49] Vgl. Origen. *de or.* 28, 8f. (385, 4–29 Koetschau).

[50] Das hat schon Koch (1900), anders als v. Balthasar (1969), 178f., ganz richtig erkannt, wie er ebenso korrekt die Tradition benannte, in der DA hier steht, nämlich Origenes. Dass nicht allein Augustin, sondern auch ein östlicher Theologe wie J. Chrysostomos eine (auf die Wirklichkeit!) passendere, wohl auch der Bibel, besonders Paulus gemäßere Antwort auf dies Problem bereit hatte, versuchte ich in meiner Monographie über die östliche Ekklesiologie seiner Zeit (A.M. Ritter, Charisma im Verständnis des J. Chrysostomos und seiner Zeit, Göttingen 1972) zu zeigen.

[51] Vgl. Opt.Milev. *c.Parm.* 1. 5 (6, 15-8, 19 Ziwsa).

ihnen unmittelbar Vorgesetzten. Die Unterordnung geht so weit, dass es ihnen und erst recht natürlich anderen Nicht-Klerikern oder „Laien" verboten sein soll, „die eines gottlosen oder sonstwie ungehörigen Wandels überführten Priester (ἱερεῖς, im Unterschied zu ἱεράρχαι) zur Rechenschaft zu ziehen (εὐθύνεσθαι). Die Begründung lautet:

... Wenn die Gotteskunde verlangt, der Gerechtigkeit auf gerechte Weise nachzujagen – der Gerechtigkeit nachjagen aber heißt nichts anderes als, jedem nach Verdienst das Seine zuzuteilen bestrebt sein –, dann müssen sich alle in gerechter Weise, d.h. nicht ohne Rücksicht auf ihre eigene Würde oder ihren Rang, danach richten ... Dabei sind (natürlich) nicht wir es, ... (die zuteilen). Gott teilt vielmehr durch (die Engel) uns und ihnen (den [‚einfachen'] Engeln wiederum) durch die noch höherrangigen Engel zu.

Mit einem Wort: In der gesamten Seinswelt teilt die wohlgeordnete und im höchsten Maße gerechte Allvorsehung durch die Ersten den Zweiten nach Verdienst zu. Die also von Gott bestimmt sind, über andere zu herrschen, sollen zuerst sich selbst und dann den ihnen Unterstellten nach Verdienst zuteilen. [*Wenn der angeredete Mönch*] Demophilos [*sich dagegen auflehnt, dann*] soll [*er*] seiner Vernunft, seinem Zorn und seiner Begierde den Platz zuweisen, der ihnen jeweils gebührt; er soll (somit) seine eigene Rangstufe nicht ins Unrecht setzen, sondern (seine eigene) übergeordnete Vernunft über die niederen Triebe herrschen lassen (... Εἰ γὰρ ἡ θεολογία δικαίως τὰ δίκαια κελεύει μεταδιώκειν [δίκαια δέ ἐστι μεταδιώκειν, ὅταν ἀπονέμειν ἐθέλοι τις ἑκάστῳ τὰ κατ' ἀξίαν], δικαίως τοῦτο πᾶσι μεταδιωκτέον, οὐ παρὰ τὴν ἑαυτῶν ἀξίαν ἢ τάξιν, ... πλὴν οὐ πρὸς ἡμῶν, ... δι' αὐτῶν δὲ ἡμῖν ἐκ θεοῦ καὶ αὐτοῖς διὰ τῶν ἔτι προὐχόντων ἀγγέλων. Καὶ, ἁπλῶς εἰπεῖν· ἐν πᾶσι τοῖς οὖσι διὰ τῶν πρώτων τοῖς δευτέροις ἀπονέμεται τὰ κατ' ἀξίαν ὑπὸ τῆς πάντων εὐτάκτου καὶ δικαιοτάτης προνοίας. Οἱ μὲν οὖν καὶ ἄλλων ἐπάρχειν ὑπὸ θεοῦ ταχθέντες ἀπονείμωσι μεθ' ἑαυτοὺς καὶ τοῖς ὑπηκόοις τὰ κατ' ἀξίαν. Δημόφιλος δὲ λόγῳ καὶ θυμῷ καὶ ἐπιθυμίᾳ τὰ κατ' ἀξίαν ἀφοριζέτω καὶ μὴ ἀδικείτω τὴν ἑαυτοῦ τάξιν, ἀλλ' ἐπαρχέτω τῶν ὑφειμένων ὁ ὑπερκείμενος λόγος [Ep. 8, 3 (181, 10-182, 8 Ritter)]).

Andere mögliche Konsequenzen sind erst im Laufe der Wirkungsgeschichte voll ans Licht getreten. In extremer Weise ist das in der Bulle *Unam sanctam* Papst Bonifaz' VIII. (18.Nov.1302) geschehen.[52] Darin verteidigt Bonifaz, ein zu seiner Zeit selbst namhafter Lehrer des *ius canonicum* (des kanonischen Rechts), die Überordnung der geistlichen über die ‚zeitliche' oder weltliche Gewalt und die „Vollgewalt" (*potestas plenaria*)[53] des Papstes, unter anderem mit einem DA entlehnten Argument, das wir bereits kennen. Der Papst nimmt es so auf:

Dem seligen Dionysius zufolge hat es nämlich die Gottheit als Gesetz festgelegt, dass, die zuunterst sind, sich mithilfe der mittleren zu den obersten (Seienden) zurückwenden. Nicht also kehren entsprechend der Schöpfungsordnung alle in gleicher Weise und auf direktem Wege, sondern die untersten mithilfe der mittleren, die weiter unten sind, mithilfe derer, die weiter oben (rangieren), zur (gottgewollten) Ordnung zurück (*Nam secundum beatum Dionysium lex divinitatis est, infima per media in suprema reduci. Non ergo secundum ordinem universi omnia aeque ac immediate, sed infima per media, inferiora per superiora ad ordinem reducuntur* (Ebenda).

[52] Erste kritische Ausgabe J.B. Lo Grasso, *Ecclesia et Status: De mutuis officiis et iuribus fontes selecti*, Rom (1939) ²1952, Nr. 491–497; ich zitiere nach C. Mirbt/K. Aland, Quellen zur Geschichte des Papsttums und des römischen Katholizismus (QGPRK), Bd. 1, Tübingen ⁶1967, Nr. 746 (S. 458–460).

[53] D.h. die „Gewalt" oder Vollmacht, nach welcher der Papst als Nachfolger Petri über beide „Schwerter" (Lk 22, 38) verfügt: das eine, „weltliche" Schwert wird den weltlichen Gewalten, Königen und Rittern, sozusagen als (jederzeit zurücknehmbares) päpstliches Lehen anvertraut und ist (von ihnen) *für* die Kirche, das andere, „geistliche" ist *von* der Kirche zu führen (*is quidem [gladius] pro ecclesia, ille vero ab ecclesia exercendus* [QGPRK Nr. 746 (459)]).

Zu dieser Zeit mächtigster „Fürst dieser Welt“, zumindest Europas, war Philipp IV., „der Schöne“, von Frankreich. Ihn ließen die steilen Thesen aus Rom unbeeindruckt. Nicht einmal ein Jahr später ließ er den Papst gefangennehmen. Bonifaz starb kurz darauf. Damit war es aber keineswegs um den Einfluss der dionysianischen Ekklesiologie auf die des Abendlandes geschehen. Schon vorher hatte dort nämlich der „Gedanke, dass göttliche Erleuchtung und Gnade den niedriger rangierenden Gliedern einer hierarchischen Ordnung durch höher rangierende vermittelt wird“, lebhaften Widerhall gefunden, besonders bei Thomas von Aquin und Bonaventura. Und er blieb „entscheidend wichtig in der mittelalterlichen Ekklesiologie“ des Abendlandes.[54]

Er sorgte auch nicht unwesentlich, wenn auch gewiss nicht allein, dafür, dass dem „gesamteuropäischen Echo der Reformationsbotschaft ... damals ein ebenso universales Nein entgegen(schallte). Das wussten die kämpfenden Theologen selbst“[55] sehr genau. Darum vor allem ist es um

---

[54] So T.L. NICHOLS, „That All May be One“: Hierarchy and Participation in the Church, Collegeville/Minn. 1997, 157, wo das auf dieser und der folgenden Seite etwas näher ausgeführt wird. Vgl. auch bereits Y.M.-J. CONGAR, Die Lehre von der Kirche: von Augustinus bis zum Abendländischen Schisma, in: M. SCHMAUS u.a. (Hgg.), Handbuch der Dogmengeschichte, III, 3c, Freiburg-Basel-Wien 1971, § 48: („Die Ordnung der Kirche und der päpstliche Primat im Lichte des Entwurfs des Dionysios“); ferner J. LECLERQ, Jean de Paris et l'ecclésiologie du XIIIème siècle, Paris 1942; DERS., Influence and noninfluence of Dionysius in the Western Middle Ages, in: PSEUDO-DIONYSIUS (1987), 25–32.

[55] P. FRAENKEL, Johann Eck und Sir Thomas More, in: R. BÄUMER (Hg.), Von Konstanz nach Trient (Festgabe für A. Franzen), München-Paderborn-Wien 1972, 486f.

DA im nachreformatorischen Protestantismus alsbald recht still geworden.[56]

Doch auch im Morgenland, in Byzanz und den von Byzanz aus missionierten Ländern Ost- und Südosteuropas, hat das bedenkliche Potential im Werk des „Dionys vom Areopag" seine Wirkung getan. Wohl nicht von ungefähr fand es in diesem Bereich seinen extremsten Ausdruck in einem Schreiben nicht von Theologenhand, sondern aus der Kanzlei eines weltlichen Herrschers: im Briefwechsel Zar Ivans IV. „Groznyj"[57] mit seinem ins Ausland geflüchteten Heerführer und Kritiker seiner autokratisch-tyrannischen Herrschaftsmethoden, Fürst Andrej Kurbskij. Im ersten Zirkularschreiben des Zaren wird fast der gesamte achte Brief des „göttlichen Dionys" zitiert. Er dient hier als gewichtiger Beitrag zur Theorie der Autokratie („Selbstherrschaft").[58]

Es führte demnach zu nichts, wenn man leugnen wollte, dass es diese „dunkle Seite" im Denken DAs, dieses bedenkliche Potential im Werk des „Dionys vom Areopag" wirklich gibt.[59] Aber wie soll man damit umgehen?

---

[56] S. o. S. 55f.

[57] D.h. des „Furchtgebietenden, Gestrengen", nicht aber, wie gewöhnlich übersetzt wird, des „Schrecklichen".

[58] S.H. Goltz, Ivan der Schreckliche zitiert Dionysios Areopagites. Ein Baustein zur Theorie der Autokratie, in: A.M. Ritter (Hg.), Kerygma und Logos. Beiträge zu den geistesgeschichtlichen Beziehungen zwischen Antike und Christentum (FS für C. Andresen), Göttingen 1979, 214–225.

[59] Gegen Drews (2010), 80. 209. 302. 348 u.ö. (vgl. meine Besprechung in: Gnomon 86 [2014] 114–119) sowie A. Golitzin, Hierarchy versus Anarchy? Dionysius Areopagite, Symeon the New Theologian, Nicetas Stethatos, and their Common Roots in Ascetical Tradition, SVTQ (1994), 131–179, der ‚seinen' Zaren Ivan „den Gestrengen" und damit auch die Wirkungsgeschichte des CA in ihrem vollen Umfang

Zunächst einmal wird man nicht bestreiten können, dass DA eine gewisse ‚Hierarchisierung' kirchlicher Strukturen bereits vorgefunden hat. Das dreifach gegliederte kirchliche Amt (Bischof-Priester-Diakon) und der monarchische Episkopat, d.h. die Konzentration aller entscheidenden kirchlichen Funktionen im Bischofsamt, waren längst geltendes Kirchenrecht;[60] genau so die Unterstellung der Klöster unter bischöfliche Aufsicht.[61] Doch war beides unterschiedlich interpretierbar. Dionysens Interpretation im Sinne des Bestrebens, das Christentum als konsequent „griechisch-philosophische, neuplatonisch interpretierte

---

besser kennen sollte! Das Problem, das sich hier stellt, hat auch eine Rolle gespielt im Disput zwischen J. Derrida und J.-L. Marion (s.o. S. 63 f.). Dieser hielt es geradezu für „vulgär", die kirchlichen mit modernen politischen Hierarchien auf eine Stufe zu stellen; Derrida gab ihm recht, fügte aber gleichzeitig hinzu, es sei *„notwendig*, … die historische, essentielle, unleugbare und irreversible Möglichkeit der zuvor erwähnten Perversität *zu erkennen*, die vielleicht einzig wahrnehmbar" werde, „nachdem sie zuvor, wie man so sagt, ‚in der Realität' feststellbar war" (J. Derrida, Comment ne pas parler. Dénégations (1989); nach der engl. Übers. von K. Frieden in: H. Coward/T. Foshay [Hgg.], Derrida and Negative Theology, Albany, NY 1992, 74, zit. in Rubenstein [2009], 208).

[60] Darauf haben auf dem Symposium in Rom (s. oben S. 93 f.) zwei (von vielen der Anwesenden mit spürbarer Erleichterung aufgenommene) Referate zurecht hingewiesen (s. G. Schöllgen, From Monepiscopate to Monarchical Episcopate: The Emergence of a New Relationship between Bishop and Community in the Third Century [veröffentlicht in: The Jurist 66 (Washington,DC 2006), 114–128]; M.-Y. Perrin, The Relationship *Episkopos/Ekklesia* in the Church of the Roman Empire of the IV Century [veröffentlicht ebenda, 144–163]). Zur Beurteilung des Sachverhalts s. etwa meine Besprechung von E. Dassmann, *Die eine Kirche in vielen Bildern*. Zur Ekklesiologie der Kirchenväter, Stuttgart 2010, ZKG 124 (2013) 69–71.

[61] Erstmals vorgeschrieben in Kanon 4 des Konzils von Chalkedon 451 (COeGD I, 130 f.).

Religion" (J. Halfwassen)[62] darzustellen und darüber sich selbst die ‚Glaubenswahrheit' zur denkerischen Gegebenheit zu bringen (*fides quaerens intellectum*), kam es entgegen, dass nicht etwa nur in der byzantinischen Beamtenhierarchie, sondern auch in der zeitgenössischen Philosophie, namentlich der des Proklos, ein Paradigma bereitstand, wie der Abstand zwischen „Oben" und „Unten", dem bestimmungslosen Einen (τὸ ἕν) und der vielheitlichen sichtbaren Welt zu überbrücken sei: durch die Annahme einer „Kette" (σειρά) von Zwischenwesen und Zwischeninstanzen. So galt auch dort, ‚im Bereich des Geistes', das Gesetz, dass „die Ersten den Zweiten nach Verdienst zuteilen",[63] und umgekehrt, wie Bonifaz VIII. ganz richtig verstand, dass sich „die untersten mithilfe der mittleren, die weiter unten sind, mithilfe derer, die weiter oben (rangieren), zur (gottgewollten) Ordnung zurückwenden."[64]

Die Übertragung dieses Gesetzes aus der Philosophenklause (oder dem akademischen Hörsaal) in die Praxis der Kirche aber führte zu Friktionen oder Ambivalenzen, wie sie es auch sonst im Werk des Dionys gibt. So konnten wir es am Beispiel der Christologie beobachten, die offensichtlich ganz unterschiedliche Rezeptionen erlaubte.[65] Und es trifft genau so zu für das spannungsvolle Verhältnis zwischen den beiden „Hierarchien"-Schriften einerseits, der „Mystischen Theologie" andererseits, deren anscheinend unverbundenes Nebeneinander die Frage aufkommen lässt, ob es für DA zwei parallele Wege gebe, die alternativ zur Wahl stehen, „etwa der Priesterschaft und dem Volk der sa-

---

[62] S. oben, Anm. 40.

[63] DA, Ep. 8,3 (183, 3–5 Ritter); vgl. Prokl. *inst.* 29. 36. 55. 110. 122. 136; *de prov.* 54 f. 60.

[64] S. oben, S. 89.

[65] S. oben, S. 5.

kramentale, den Mönchen der metaphysische (Weg) mystischer Meditation?"[66] Diese Spannung ist durch kein Machtwort à la H. Urs von Balthasar oder A. Golitzin aus der Welt zu schaffen.[67]

Im Falle unseres Exempels, der „Figur des Hierarchen als Heiligenden im Corpus Dionysiacum und deren Auswirkung auf die Ekklesiologie", sehen wir DA sich in einem hermeneutischen Zirkel verfangen. Verlangt er doch – genau so wie Origenes – „für die Anwendung der amtlichen Gewalt einerseits den Geist der Erkenntnis und Unterscheidung, und andererseits die persönliche Heiligkeit".[68]

Nochmals: Wie damit umgehen? Wäre es ein Ausweg, dass man *wählte*; wählte zwischen beiden „Hierarchien"-Schriften und der „Mystischen Theologie", zwischen radikalem Elitismus und ebenso radikaler Offenheit?[69] Ich glaube nicht. Denn beides kann sich auf Dionys berufen; beides wird von ihm bejaht, doch den gedanklichen Ausgleich ist er meines Erachtens schuldig geblieben. Also bleibt nur die Möglichkeit, die bestehende Spannung nicht zu verharmlosen, sondern ernstzunehmen und auszuhalten; beides so aufzunehmen, dass es sich gegenseitig befruchtet, aber auch begrenzt.

Ich gelange daher, was mindestens die ekklesiologischen Konsequenzen aus dem *Corpus Areopagiticum* anlangt, zu folgendem

---

[66] S. dazu Stock (2008), 234–236; Zitat: 235.

[67] S. oben, S. 85 (zu v. Balthasar); vgl. Golitzin, Mystagogy (2013), XXXI–XXXVIII, u. ö.

[68] So mit Recht Koch (1900), 75.

[69] Anders Rubenstein (2009), 206, die hier die aus dem Werk DAs hervorleuchtende „politische Vision" berührt sieht.

Fazit

„(Dionys vom Areopag) ist wundervoll und inspirierend, gibt man ihm die Chance zu *ergänzen*, zu *vertiefen*, eine heilsame Lektüre besonders für Theologen und Hierarchen, die geneigt sind, zu viel über Gott zu wissen“ (ein „Stachel im Fleisch“ [II Kor 12, 7], sozusagen). „Aber es kann in einer ernsten Krise oder sogar in einem Desaster enden, erhält er die Möglichkeit zu dominieren“, sei es mit der einen *oder* mit der anderen Seite seines Denkens.[70]

---

[70] So schloss (auf Englisch) mein Vortrag in Rom (s. oben, S. 91, Anm. 37, und 94 f.); doch in der offiziellen Aktenpublikation (im Unterschied zur andernorts veröffentlichten italienischen Fassung; s. für beides RITTER [2006]) sind diese beiden Sätze, aus mir unbekannten Gründen, gestrichen worden. – Ähnlich würde ich raten, auch mit anderen Begrenztheiten umzugehen, wie sie etwa K. Flasch zurecht benannt hat (s. FLASCH [2013] 93): „Die geistige Welt des Dionysius war die des östlichen Mönchtums unter dem Einfluss der neuplatonischen Philosophie. Es fehlten ihr der Weltbezug und die Wissenschaftsnähe, die Boethius“ und in seiner Weise auch Augustin „auszeichnen“. *Aber*, so gebe ich zu bedenken: wenn man sich des Unterschieds zwischen möglichen und notwendigen Konsequenzen bewusst bleibt, findet man bei „Dionys vom Areopag“ mehr angelegt, mehr *möglich*, als explizit wird oder *notwendig* zu schlussfolgern ist!

IV.

Dionysios Ps.-Areopagites und das Judentum

Zum Gedenken an Aharon Agus
(1943–2002)

Meine letzte intensive Begegnung mit Aharon (Ronald E.) Agus, von 1993 bis zu seinem frühen Tod am 28.12.2002 Inhaber des Lehrstuhls für Talmud und Rabbinische Literatur an der Hochschule für Jüdische Studien in Heidelberg,[1] verbindet sich mit einem internationalen Symposium über „Platonismus im Orient und Okzident“, das Anfang Oktober 2001 im Internationalen Wissenschaftsforum der Universität Heidelberg stattfand. Es war von ihm selber mit

[1] Diesem Kapitel liegt ein Text zugrunde, der ursprünglich als Beitrag zu einer Festschrift für Aharon Agus anlässlich seines 60. Geburtstages gedacht war, den er aber nicht mehr erleben sollte. Aus der Festschrift wurde eine Gedenkschrift, bereichert um den Text der Gedenkrede J. Assmanns im Rahmen einer akademischen Feierstunde für den versorbenen Kollegen und Freund, auf die nur nachdrücklich hingewiesen werden kann (s. Reichmann [2006], 1–13 [„Der Mensch vor Gott. Grundzüge einer religiösen Anthropologie in Aharon Agus, *The Binding of Isaac and Messiah*“]). Ich war erleichtert, meinen Beitrag (ebenda, 113–123), der mir in der Rückschau als äußerst lückenhaft erschien, für die Jenaer Vorträge, in deren Rahmen ja dessen Fragestellung gut hineinpasste, gründlich überarbeiten und ergänzen zu können, und gebe ihn nun, unter dem gleichen Titel, aber in einer Fassung aus der Hand, mit der ich vor den – unvergesslich sanftmütigen – Augen Aharon Agus’ ein wenig besser bestehen zu können hoffe.

organisiert.[2] Man hatte mich eingeladen, etwas zum Verhältnis des DA als eines einflussreichen christlichen Orientalen zum Neuplatonismus zu sagen. Da ich mich über dies Thema bereits mehrfach geäußert hatte, spitzte ich meinen kleinen Beitrag auf das Gespräch mit einigen einschlägigen Veröffentlichungen aus allerjüngster Zeit – auch eines der anwesenden Referenten, wie sich herausstellte – zu.[3] Agus lauschte, konzentriert wie immer, meinen Ausführungen und ließ mir am Ende durch seine Frau seine Dankbarkeit und Zustimmung zum Ausdruck bringen, ehe wir selbst noch ins Gespräch kamen. Ich gewann aus allem den Eindruck, dass es besonders der Schluss war, der es ihm angetan hatte, wo es hieß, dass ich den Einfluss der vom „Areopagiten" kräftig rezipierten „negativen Theologie" – im von Byzanz geprägten Osten üblicherwiese „Apophatismus" genannt – auf das Christentum wie auf jede Offenbarungsreligion im Laufe meines Lebens immer positiver einzuschätzen gelernt habe.[4] Ich werde darauf am Ende des nächsten, abschliessenden Kapitels noch einmal zurückkommen. Es bedeutete (und bedeutet) mir nicht wenig, dass ich mich in dieser Einsicht mit Aharon Agus offenbar im wesentlichen eins wissen darf.

Und nun zum Thema dieses Kapitels:

---

[2] Die Akten dieses Kolloquiums sind inzwischen ediert (Khoury/Halfwassen [2005]).

[3] A.M. Ritter, Dionysius Pseudo-Areopagita und der Neuplatonismus, in: Khoury/Halfwassen (2005), 87–101); in überarbeiteter und erweiterter Fassung ist dieser Beitrag auch veröffentlicht worden in: ΦΙΛΟΘΕΟΣ 4 (2004) 260–275, wonach hier zitiert wird (= Ritter [2004]).

[4] Vgl. Ritter (2004), 274, mit Bezugnahme auf Armstrong (1983), 31, Anm. 1.

Das „areopagitische“ Milieu im Verhältnis zum Judentum

Schon was in den letzten Dezennien bezüglich des „Milieus“ ermittelt worden ist, dem DA und sein Werk aller Wahrscheinlichkeit nach zuzuordnen sind, legt es nahe, auch nach deren Beziehungen zum Judentum zu fragen. Und zwar sind, wie eingangs des ersten Kapitels erwähnt, als u.a. über das „Ursprungsmilieu“ der „areopagitischen“ Schriften zu informieren war, nach heutigem Erkenntnisstand (West-)Syrien – oder aber, was weit weniger wahrscheinlich ist, syrische Kreise in Konstantinopel – als Heimat des CA anzunehmen. Die Gründe für diese Zuordnung sind ebenfalls im Einleitungskapitel genannt und sollen jetzt nicht wiederholt werden.

Nun ist es eine bekannte Tatsache, dass das Judentum innerhalb des Römischen Reiches mit eindeutigem Schwerpunkt im östlichen Mittelmeerraum vertreten war und dort, genau so wie östlich der Reichsgrenzen, besonders in Babylonien, eine starke und weithin akzeptierte Minderheit[5] bildete. Viele Zentren jüdischer Diaspora waren zugleich Zentren christlicher Mission und Ausbreitung. Das alles deutet darauf hin, dass der jüdische Hintergrund der Geschichte des frühen Christentums ganz allgemein weit

---

[5] Nach manchen Schätzungen belief sich der jüdische Anteil an der römischen Reichsbevölkerung auf insgesamt 10%, im Ostteil des Reiches sogar bis 15 oder 20%; mir scheint letzteres stark übertrieben zu sein. Jedenfalls sind alle diese Schätzungen mit größter Unsicherheit behaftet und kaum nachkontrollierbar; vgl. dazu etwa A. Wasserstein, The Number and Provenance of Jews in Graeco-Roman Antiquity. A Note on Population Statistics, in: R. Katzhoff (Hg.), Classical Studies in Honor of D. Sohlberg, Ramat Gan 1996, 307–317; G. Stemberger, Art. Juden, RAC 19, 1998, 160–227, bes. 172f.

mehr Aufmerksamkeit verdient, als ihm früher, auch und gerade in der älteren Kirchengeschichtsschreibung, zuteil zu werden pflegte. Gewiss scheint es noch lange geschlossene jüdische Siedlungsgebiete gegeben zu haben, „die gegen christliche Kontakte oder gar Missionsversuche immun waren; so etwa in Babylonien, wo Juden seit Nebukadnezar II. (605–562 v.Chr.) durch die Jahrhunderte hin zumindest ein einheitliches Kerngebiet bewohnten,[6] oder, bis in nachkonstantinische Zeit hinein, im Norden Galiläas und Teilen des Golan, in der Region von Tiberias und einem Streifen jüdischer Siedlungen im Süden Palästinas.[7] Aber das waren Ausnahmen, nicht die Regel. Wo man jedoch vielerorts Tür an Tür wohnte oder einander fast täglich über den Weg lief, konnte man gar nicht die Augen vor der Tatsache verschließen, dass Christen und Juden natürlich mehr mit einander gemein hatten als mit ‚Heiden'. Den ‚Außenstehenden', ob sie mit dem Juden- oder Christentum oder beiden sympathisierten oder aber beides gleichermaßen abscheulich fanden, war" das „erst recht klar ... Mag man deshalb auch weniger miteinander geredet haben: es war dafür gesorgt, dass man einander auf jeden Fall im Auge behalten und über einander gesprochen hat".[8]

Eine andere, noch immer beileibe nicht allgemein zur Kenntnis genommene Tatsache hat vor geraumer Zeit der jüdische Althistoriker Doron Mendels von der Hebrew University in Jerusalem auf den Punkt gebracht: Vorausgesetzt, man befragt, wie es sich gehört, *sämtliche* verfügbaren Quellen, und d.h. für die Spätantike u.a.: archäo-

---

[6] S.J. NEUSNER, A history of the Jews in Babylonia, I, Leiden 1965, 10–15.

[7] S.G. STEMBERGER, Juden und Christen im Heiligen Land. Palästina unter Konstantin und Theodosius, München 1987, 116–124.

[8] RITTER (2000), 202.

logische Funde, Rechtsprechung, Geschichtsschreibung, Synodalbeschlüsse, antijüdische Polemiken aus christlicher Feder ebenso wie, sofern halbwegs datierbar, jüdische Quellen, so ergibt sich als ziemlich gesichertes Bild, „dass die Beziehungen zwischen Juden und Christen weit friedlicher waren, als bisher angenommen. Man muss klar unterscheiden zwischen den christlichen Autoritäten (den Kaisern), die ein anderes Bild von den Juden hatten als die Kirchenväter, und dem Mann auf der Straße, der in ausgezeichneten Beziehungen mit den Juden leben mochte, was immer er auch an Negativem in den Predigten der Kirche zu hören bekam". Natürlich gab es in der späten Kaiserzeit, genauer: im beginnenden ‚Konstantinischen Zeitalter', seit der Herrschaft, zumal der Alleinherrschaft Kaiser Konstantins I. (gestorben 337), ein Auf und Ab in den jüdisch-christlichen Beziehungen, in Abhängigkeit von politischen und sozio-ökonomischen Faktoren. „Mit anderen Worten gab es Perioden der Spannungen (die jedoch kürzer waren, als man vermuten sollte), Zeiten guter Beziehungen und solche, in denen nichts von besonderer Bedeutung zwischen den beiden Religionen passierte."[9] Gerade in dem Bereich, der für uns von besonderem Interesse ist, nämlich Antiochien, Caesarea Maritima („Caesarea am [Mittel-] Meer"), Sitz des römischen Statthalters und später Hauptstadt Palästinas, die seit dem 4./5. Jahrhundert über eine weithin berühmte Bibliothek verfügte und wohl auch ein achtbarer Studienort war, sowie seine Umgebung, war bis

---

[9] D. Mendels, The Relationship of Christians and Jews during the Years 300–450. A Preliminary Report of the Christian Point of View, in: W. Kinzig/C. Kück (Hgg.), Judentum und Christentum zwischen Konfrontation und Faszination. Ansätze zu einer neuen Beschreibung der jüdisch-christlichen Beziehungen, Stuttgart 2002 (Judentum und Christentum 11), 45–54; hier: 45.

zum Ende des 6. Jahrhunderts von längerfristigen, ernstzunehmenden Konflikten zwischen Juden und Christen nichts bekannt. Gelegentliche Attacken wie die berüchtigten „Judenreden" des J. Chrysostomos, damals Presbyter und Hauptprediger der Kirche Antiochiens, aus dem Ende des 4. Jahrhunderts[10] lassen bei den Adressaten, d.h. den von ihm angeredeten antiochenischen Christen, nicht etwa Juden, gerade auf entspannte Beziehungen zu den Juden schließen und sind „eher ein Beweis dafür als dagegen, dass Israel als Gegenüber der griechischen Kirche bis zum Auftauchen des Islam im Mittelmeerraum attraktiv und einflussreich blieb."[11]

Judaica im CA

Fragt man, was das CA zu unserer Kenntnis der jüdisch-christlichen Beziehungen in der Spätantike beizutragen habe, oder, allgemeiner formuliert, wie darin „Jüdisches" (unter Einschluss von Namen und Sachverhalten aus der hebräischen Bibel) zur Sprache komme, so stellt sich rasch heraus: das Judentum in dem eben angedeuteten wei-

---

[10] Griechischer Text in PG 48, 843–942; neueste kommentierte Übersetzungsausgabe von R. Brändle/V. Jegher-Bucher, Johannes Chrysostomus. Acht Reden gegen Juden, Stuttgart 1995 (BGrL 41); vgl. dazu die Besprechungen von P.W. van der Horst, ZAC 3 (1999) 307f., und A.M. Ritter, ThLZ 128 (2003) 173.175–177; ferner A.M. Ritter, Judentum und Christentum zwischen Konfrontation und Faszination: das Zeugnis des Johannes Chrysostomus und Augustins, in: U.A. Wien (Hg.), Judentum und Antisemitismus in Europa, Tübingen 2017, 25–39.

[11] Ritter (2000), 213. Vgl. dazu auch W. Kinzig, ‚Non-Separation': Closeness and Cooperation between Jews and Christians in the Fourth Century, VigChr 45 (1991) 27–53.

ten Sinn ist allem Anschein nach *kein* Hauptthema des DA gewesen. Es wird vielmehr bei ihm eher selten ausdrücklich erwähnt. Das mag allerdings auch mit dem Stil „areopagitischer" Schriftstellerei zusammenhängen und darum nicht überzubewerten sein. Wie sehr das gilt, lehrt die Tatsache, dass die entsprechenden Begriffe „Christ" und „Heide" (bzw. ‚Grieche', ἕλλην) eher noch seltener vorkommen.[12] Wann immer „Jüdisches" freilich erwähnt wird, dann ohne jeden polemischen Unterton!

Nehmen wir als Beispiel den Begriff Ἰουδαῖος („Jude"), der im gesamten CA gerade dreimal vorkommt,[13] während das davon abgeleitete Ἰουδαϊσμός überhaupt nicht begegnet. Der Autor nimmt an den betreffenden Stellen die in der Bibel mehrfach bezeugte Idee der „Völkerengel" auf und stellt ausdrücklich in Abrede, dass Gott[14] etwa „mit anderen Göttern oder Engeln die Führung in unserem (sc. der Menschen) Bereich sich geteilt habe und Israel durchs Los als Regierender (ἐθνάρχης) oder Führer des Volkes zugesprochen worden sei", eine Idee, die wiederholt bei Kaiser Julian in dessen Christenpolemik begegnet.[15] Nein; sondern

---

[12] Für die entsprechenden Begriffe Χριστιανός gibt es nur zwei, für Ἕλλην 4 Belege, und zwar aus ein und demselben Brief (Ep. 7)!

[13] DA, CH 9, 2 (37, 14 Heil); 4 (39, 6. 20).

[14] DA spricht vom „Gottesprinzip" (θεαρχία), d.h., wie die Leser dieses Buches inzwischen wissen, dem Ursprung aller „Vergottung" (oder θέωσις), alles „Vergottetwerdens" (θεοῦσθαι), von denen DA ebenso unbefangen sprechen kann (s. das griechische Wörterregister der krit. Ausgabe (PTS [36] 67, unter den Lemmata θεόω, θέωσις) wie die byzantinisch-orthodoxe Tradition nach ihm; und er versteht es im Sinne der (platonischen) „Angleichung an Gott, soweit das (menschen)möglich ist" (ὁμοίωσις θεῷ κατὰ τὸ δυνατόν).

[15] JHWH ist aus Julians Sicht nur ein Partikulargott und nur als solcher akzeptabel und in sein Pantheon integrierbar. Vgl. aus seiner nur fragmentarisch erhaltenen Schrift „Wider die Galiläer" fr. 19 zu-

die eine, alles durchwirkende Vorsehung des Höchsten selber hat die Gesamtheit der Menschen zu ihrer Rettung eigenen Engeln zugewiesen, damit diese sie mit hilfreicher Hand nach oben geleiteten, während sich Israel allein fast (sic!) gegenüber allen anderen (Völkern) zur Gabe des Lichts (vgl. Jak 1, 17) und zur Erkenntnis des wahrhaften Herrn bekehrte. Darum sagt die Gotteskunde (sc. die hl. Schrift), um klarzustellen, dass Israel sich selbst den Dienst des wahrhaft seienden Gottes erloste: ‚Es ist Anteil des Herrn geworden' (Dtn 32, 9). Um aber zu zeigen, dass Israel gleichfalls, genau so wie die anderen Völker, einem der heiligen Engel zugeordnet wurde, um durch ihn das *eine* Prinzip aller Dinge zu erkennen, bezeichnet sie (die Schrift) Michael als Führer des Volkes der Juden (vgl. Dan 10, 21). Damit lehrt sie uns unmissverständlich, es gebe (nur) eine einzige Vorsehung über das All, welche in überwesentlicher Weise über die Gesamtheit der sichtbaren und unsichtbaren Kräfte gegründet ist; sämtliche den einzelnen Völkern vorstehenden Engel hingegen richteten, soweit sie vermögen, diejenigen auf diese (Vorsehung) als ihr eigenes Prinzip aus, die ihnen aus freien Stücken Folge leisten (αὐτῆς μὲν τῆς μιᾶς ἁπάντων ὑψίστου προνοίας πάντας ἀνθρώπους σωστικῶς ταῖς οἰκείων ἀγγέλων ἀνατατικαῖς χειραγωγίαις διανειμάσης, μόνου δὲ σχεδὸν παρὰ πάντας τοῦ Ἰσραὴλ ἐπὶ τὴν τοῦ ὄντως κυρίου φωτοδοσίαν καὶ ἐπίγνωσιν ἐπιστραφέντος. Ὅθεν ἡ θεολογία τὸ μὲν ἑαυτὸν ἀποκληρῶσαι τὸν Ἰσραὴλ ἐπὶ τὴν τοῦ ὄντως <ὄντος> θεοῦ θεραπείαν ἐμφαίνουσα τὸ „Ἐγενήθη μερὶς κυρίου" φησίν, ἐνδεικνυμένη δὲ τὸ καὶ αὐτὸν ἐν ἴσῳ τοῖς λοιποῖς ἔθνεσιν ἀπονεμηθῆναί τινι τῶν ἁγίων ἀγγέλων εἰς τὸ δι' αὐτοῦ τὴν μίαν ἁπάντων ἀρχὴν ἐπιγνῶναι τὸν Μιχαὴλ ἔφη τοῦ Ἰουδαίων ἡγεῖσθαι λαοῦ, σαφῶς ἡμᾶς ἐκδιδάσκουσα τὸ μίαν εἶναι τῶν ὅλων πρόνοιαν ἁπασῶν τῶν ἀοράτων καὶ ὁρατῶν δυνάμεων ὑπερουσίως ὑπεριδρυμένην, πάντας δὲ τοὺς καθ' ἕκαστον ἔθνος ἐπιστατοῦντας ἀγγέλους ἐπ' αὐτὴν ὡς οἰκείαν ἀρχὴν τοὺς ἑπομένους ἐθελουσίως ὅση δύναμις ἀνατείνοντας [CH 9, 4 (39, 12–24 Heil; Übers. Heil, leicht geändert]).

---

sammen mit der Erwiderung durch Kyrill von Alexandrien in dessen Traktat „Gegen Julian" 3, 37–45 (221–236 Riedweg) und öfter. Dass DA diese Kontroverse gekannt hat, ist möglich, aber nicht beweisbar.

Damit ist dem Erwählungsgedanken, so könnte man urteilen, die Spitze abgebrochen. Doch geschieht das ersichtlich nicht, um Israel zu kränken oder gar zu „enterben", sondern um den Monotheismus (den „Eingottglauben") zu bewahren! Man kann es auch so sagen: DA sucht die jüdischen Prärogativen („Vorrechte") so zu denken, dass sie mit seinem Verständnis von „gottgeziemender Gerechtigkeit" (θεοπρεπὴς δικαιοσύνη)[16] und, dieser korrespondierend, menschlicher Entscheidungsfreiheit (αὐτεξουσιότης)[17] in Einklang bleiben. Und es ist von vornherein damit zu rechnen, dass es etwaigen christlichen Prärogativen in der „areopagitischen" Interpretation nicht wesentlich anders, besser ergeht.

Eine Spur häufiger als von „Juden" spricht DA, wie in dem eben zitierten Text, von „Israel"[18] oder den „Hebräern"[19], ohne dass irgendwelche Bedeutungsnuancen oder ein anderer Personenkreis erkennbar würden. Im übrigen redet er unbefangen von „Züchtigungen" Israels im Laufe seiner Geschichte, Züchtigungen, die aber alle nur den ei-

[16] Ebenda, 8, 2 (35, 6f.).

[17] Ebenda, 9, 3 (38, 4f.); vgl. auch DA, EH 2. θεωρία, 3 (74, 15f. Heil: αὐθαίρετος αὐτεξουσιότης!).

[18] Ebenda, 8, 2 (34, 17f.; 35, 5); 9, 4 (39, 11. 14).

[19] Ebenda, 9, 2. 3 (37, 13ff.) werden die Begriffe Ἰουδαίων und Ἑβραίων λαός (zu letzterem s. auch EH 7, θεωρία. 6 [126, 12 Heil]) schlichtweg *promiscue* gebraucht. Meist ist freilich von den „Hebräern" in Wortverbindungen wie φωνὴ ἑβραίων und τὰ τῶν ἑβραίων die Rede, geht es also konkret um das Hebräische als Sprache, die ja zu Zeiten des DA längst nicht mehr von allen Juden verstanden, geschweige denn, gesprochen wurde, während zu Beginn von Brief 8 (8,1 171, 3 Ritter), ohne jede Andeutung von Distanzierung, auf die τῶν Ἑβραίων ἱστορίαι („Erzählungen der Hebräer"), gemeint sind die Mosegeschichten, verwiesen wird, die aber natürlich auch von den Christen als Teil ihrer Bibel gelesen werden, wie DA, stillschweigend, voraussetzen kann.

nen Zweck hatten, „die unter (Gottes) Vorsehung (oder in seiner Fürsorge) Stehenden (προνοούμενοι) auf jede erdenkliche Weise zum Besseren zu führen".[20] Schließlich passt zu allem, dass DA – wiederum ohne jede Spur von Distanzierung – von Propheten wie Sacharja und Ezechiel (genau so wie von den Zeugen des NT) als von „Gotteskündern" (θεολόγοι), also Mittlern der göttlichen Offenbarung, sprechen kann.[21]

Jüdische Einflüsse auf die „areopagitische" Gedankenwelt?

Es ist nach allem nicht überraschend, wenn in jüngster Zeit verstärkt auch nach jüdischen Einflüssen auf die Gedankenwelt des DA gefragt wird, nachdem Einflüsse griechisch-philosophischen Denkens inzwischen als erwiesen gelten können. Hier sind vor allem zu nennen der Athosmönch (Hieromonachos) und jetzige orthodoxe Bischof Alexander (Golitzin) in den USA, vormals viele Jahre Associate Professor of Eastern Christian Theology am theologischen Department der Marquette University in Milwaukee/Wi., zuletzt mit Aussicht auf eine full professorship[22], samt seinem Schülerkreis sowie F. Mali, rö-

---

[20] DA, CH 8, 2 (34f. Heil; Zitat: 34, 19f.).

[21] Vgl. ebd. (34, 22; 35, 3) u.ö. Zum „areopagitischen" Verständnis des Begriffs „Theologie" s.u. S. 135.

[22] GOLITZIN (1994); DERS., Revisiting the ‚Sudden': Epistle III in the *Corpus Dionysiacum*, StPatr 37 (2001), 482–491; vor allem aber ders. mit einer Vielzahl von eigenen Beiträgen zu Bd. 3 der Zeitschrift *Scrinium.* Revue de patrologie, d'hagiographie critique et d'histoire ecclésiastique, Sankt Petersburg 2007, betitelt: „The Theophaneia School: Jewish Roots of Eastern Christian Mysticism".

misch-katholischer Patrologe an der Theologischen Fakultät der Universität Freiburg im Üechtland.[23]

Beide waren allerdings nicht die ersten, die so fragten. Die Frage reicht vielmehr, wie beiden Forschern wohlbewusst ist, bis fast in die Entstehungszeit des „areopagitischen" *corpus* bzw. in die mit ihr nahezu synchrone Abfassungszeit der ältesten Übersetzung desselben ins Syrische zurück. Es ist kein Zufall, dass es christliche Syrer waren, Theologen also, die sich besser als andere auch in jüdischer Gedankenwelt auskannten, welche zuerst auf eigentümliche „Entsprechungen" zwischen CA auf der einen, rabbinischer Kosmologie und jüdischer Mystik auf der anderen Seite aufmerksam wurden und machten. So finden wir bei dem uns bereits bekannten palästinischen Bischof Johannes von Skythopolis, dem wir, wie erwähnt, die ältesten „Scholien", kurze Erläuterungen meist erklärungsbedürftiger Begriffe und Sachen, zum CA verdanken, einen interessanten Kommentar zum Ende von MTh 1, 3 des „Areopagiten". Es heißt dort:

> Danach löst sich (Mose) auch vom Bereich dessen, was sichtbar ist und zu sehen vermag, und taucht in das wahrhaft mystische Dunkel des Nichtwissens ein ... (Καὶ τότε καὶ αὐτῶν ἀπολύεται τῶν ὁρωμένων καὶ τῶν ὁρώντων καὶ εἰς τὸν γνόφον τῆς ἀγνωσίας εἰσδύνει τὸν ὄντως μυστικόν ..." [144, 9–15 Ritter]).

Ich komme darauf gleich zu sprechen und zitiere dann auch den Kommentar des Scholiasten zu dieser Textstelle. Zunächst aber führe ich noch einen zweiten Beleg an. Er stammt von einem nur wenig älteren Zeitgenossen des Skythopolitaners, dem bereits mehrfach erwähnten Sergios von Rēšʾainā, gestorben 536, der in einem seiner Traktate über das geistliche Leben mitteilt, DA habe neben den ansonsten

[23] Mali (1997).

sowohl aus der christlichen[24] wie der jüdischen Tradition[25] bekannten Quellen, schriftlicher wie mündlicher Überlieferung, noch aus einer anderen Quelle seine Lehren bezogen. Es heißt dort:

Wir müssen aber wissen, dass der selige und allheilige Dionysios, der Schüler der lebendigen Lehre des göttlichen Paulus war (vgl. Act 17,34) und der *alles, was zu erkennen möglich ist, erlernt* hat, nicht nur das, was auf dem Papier und (mit) Tinte (geschrieben) und aus der mündlichen Überlieferung (auf uns gekommen) ist, die von einem zu anderen übergeht, sondern von diesem heiligen Mund (des Paulus) und aus dieser Quelle aller Weisheit (stammt); dass er alle Bekundungen des Wissens durch den Aufstieg bis in den dritten Himmel (vgl. II Kor 12, 2/4[26]) *gelernt* hat, und der zum göttlichen Lehrhaus des Paradiesesortes geführt wurde. Alles, was nicht zu sagen erlaubt ist, und das einem Menschen gegenüber auf entrückte und wunderbare Weise und öffentlich auszusprechen verboten ist, hat er (DA) in seinen heiligen Büchern festgehalten, damit davon in göttlicher Weise gesprochen werde (Übersetzung F. Mali[27]).

Mali entnimmt dieser Stelle, dass für DA neben Bibel und mündlicher Tradition „die Mystik Quelle seiner Erkenntnis geworden“ sei; und er fühlt sich stärker als an früh-

---

[24] Vgl. z.B. Basil. *de spir.s.* XXVII 66, 1–5. 28–32. 49–57 (SC 17bis, 478–484).

[25] Z.B. Avot I 1a, in: K. Marti/G. Beer (Hgg.), Avot (Väter). Text, Übersetzung und Erklärung nebst einem textkritischen Anhang, Gießen 1927, 2 (Text). 3 (Übersetzung mit Kommentar), zitiert bei Mali (1997), 170f., Anm. 457.

[26] Die „Apokalypse des Paulus“ aus den Nag-Hammadi-Texten (V 2) arbeitet das in verschiedene Richtungen aus; vgl. J.D. Tabor, Things unutterable. Paul’s ascent to paradise in its Greco-Roman, Judaic, and early Christian contexts, Lanham/MD 1986.

[27] Mali (1997), 171; syrischer Text bei P. Sherwood, Mimro de Serge de Rēš’ainā sur la vie spirituelle, Tractatus 116, OrSyr 6 (1961) 146–148.

christliche Literatur, die nur wenige mystische Schriften und schon gar „Himmelsreisen" wie die *Visio Dorothei*[28] enthält, an die gleich zu besprechende jüdische Merkavah-Mystik erinnert, deren Kenntnis bei DA genau so wie bei seinem Übersetzer Sergios vorausgesetzt werden könne.[29]

Nun, wie immer es um die Kenntnis der jüdischen Merkava-Mystik bei DA bestellt sein mag; dass „Mystik" ganz allgemein als eine *dritte* Quelle seiner Erkenntnis, *neben* jüdischer wie christlicher Hl. Schrift und mündlicher Tradition, auszumachen sei, behauptet Sergios *nicht*! Als diese Quelle gilt ihm vielmehr eine „mündliche Tradition" ganz besonderer Art und Dignität: das nämlich, was der von Paulus bekehrte „Dionysius vom Areopag" aus dem Mund des Apostels *unmittelbar* erfuhr, dessen, der nach eigenem Bekunden einmal in den „dritten Himmel" (II Kor 12, 2–4) entrückt wurde. Alles, was der Meister dort an „Bekundungen des Wissens" im „göttlichen Lehrhaus des Paradiesesortes" hat aufnehmen und der Schüler von ihm hat „lernen" können – wohl doch, ohne auch selbst „aufzusteigen" –, hat dieser „in seinen heiligen Büchern festgehalten, damit davon in göttlicher (gottgemäßer) Weise gesprochen werde". Diese intime Beziehung erklärt, so scheint Sergios zu denken, die Besonderheit des areopagitischen Schrifttums und verbürgt seine Zuverlässigkeit für alle, die DA als Füh-

---

[28] A. Hurst u.a. (Hgg.), *Papyrus Bodmer* XXIX, Coligny-Genève 1984 (Text, französ. Übers., Kommentar); A.H.M. Kessels/P.W. van der Horst (Hgg.), The Vision of Dorotheus (Pap. Bodmer 29), VigChr 41 (1987, 313–359 (Text, engl. Übers., Kommentar); vgl. zum Ganzen C. Colpe u.a., Art. Jenseitsfahrt I (Himmelfahrt), RAC 17 (1996), 407–466, bes. 445ff.

[29] Mali (1997), 171–173, mit weiterer Literatur; vgl. auch Ego (2004).

rer zu einem wahrhaft „geistlichen Leben“ lesen und verstehen möchten. Eine spezifische Nähe zur Merkava-Mystik ist meines Erachtens nicht zu erkennen. Von der so „typisch rabbinisch“ anmutenden,[30] geradezu rührenden Vorstellung vom „göttlichen Lehrhaus des Paradiesesortes“, wonach also das Thorastudium auch im Paradies keine Unterbrechung erfährt, weiß und redet nur Sergios; bei DA gibt es für Begriff wie Vorstellung keinen Beleg.

Und nun zurück zum Scholion des Johannes von Skythopolis. Es bezieht sich, wie gesagt, auf den Ausdruck „Dunkel des Nichtwissens“ (in MTh 1,3 Ende), welches als „wahrhaft mystisch“ bezeichnet wird. Dazu bemerkt der Scholiast, der Skythopolitaner Johannes:

Es ist nötig zu wissen, dass im Buche Exodus geschrieben steht, Mose sei in das Dunkel eingetreten, in welchem Gott wohnte; der hebräische Text (τὸ … Ἑβραϊκόν) bietet *araphel* [Ex 20, 21]. Die Septuaginta übersetzt *araphel* mit ‚Dunkel‘ (γνόφος), und so tun es auch Aquila und Theodotion, während Symmachos *araphel* mit ‚Nebel, Gewölk‘ (ὁμίχλη) übersetzt. Der Hebräer (ὁ … Ἑβραῖος)[31] indes sagt, *araphel* sei der Name des Firmaments (στερέωμα), in welches Mose eintrat; denn sie (die Juden) sprechen von sieben Firmamenten, welche sie auch Himmel nennen. Sie geben ihnen auch (ihre) Namen, die wir jetzt jedoch nicht im einzelnen erwähnen müssen. Ich habe über die sieben Himmel auch im „Dialog zwischen Jason und Papiscus“ gelesen, den Ariston von Pella[32] verfasste; der (sc. im Unterschied zu Ariston bekannte, wichtige alexandrinische Schriftsteller und Christ) Klemens lässt ihn im 6. Buch seiner (sc. uns nicht erhaltenen) ‚Hypotyposen‘ vom hl. Lu-

---

[30] Seit dem Dichter-Theologen Ephrem (Afrem; gest. 373) „ein Topos in der syrischen Literatur“ (freundlicher Hinweis von M. Perkams).

[31] Hier wohl im Sinne von: der des Hebräischen Kundige, mit rabbinisch-jüdischer Schriftauslegung Vertraute.

[32] Ein sonst nicht weiter bekannter frühchristlicher Apologet.

kas aufgeschrieben sein. – In seinen Briefen hat er (DA) freilich über dies Dunkel, (seinem verborgenen Sinne nach) in Hinsicht auf das göttliche Nichtwissen verstanden, trefflicher (wörtl. göttlicher, gottgemäßer) philosophiert; im 5. dieser Briefe spricht er am ausführlichsten darüber.[33]

Es dürfte dem Verstehen dienlich sein, auch den von Johannes gemeinten Dionys-Text hier im Wortlaut mitzuteilen. Er lautet:

Das göttliche Dunkel (vgl. Ex 20, 21) ist gleichbedeutend mit jenem „unzugänglichen Licht", in welchem, wie geschrieben steht, „Gott wohnt" (I Tim 6, 16): unsichtbar um der Überfülle seines Glanzes und als dasselbe unzugänglich um des Übermaßes seiner überwesentlichen Lichtflut willen. (Dennoch) ist dort zu finden, wer gewürdigt ward, Gott zu erkennen und zu schauen, und zwar (gerade) *durch* Nichtsehen und Nichterkennen; und indem er wahrhaft in den Bereich versetzt wird, der jenseits allen Schauens und Erkennens liegt, wird er dessen selbst erkennend gewahr, dass er (Gott) alles sinnlich und geistig Wahrnehmbare transzendiert, und er stimmt in den prophetischen Ausruf ein: „Diene Erkenntnis ist zu wunderbar für mich; sie ist zu mächtig geworden für mich, als dass ich zu ihr hingelangen könnte" (Ps 139 [138], 6).

Entsprechend heißt es auch vom hl. Paulus, er habe Gott erkannt, indem er begriff, dass dieser jedem Denk- und Erkenntnisakt überlegen ist. Deshalb sagt er auch, „seine Wege" seien „unerforschlich" und „unbegreiflich seine Gerichte" (Röm 11, 33), seine Gaben seien „unaussprechlich" (II Kor 9, 15) und sein „Friede höher als alle Vernunft" (Phil 4, 7). (Er sagt dies) als einer, der dem begegnete, welcher allem überlegen ist, und der – in einer alles Begreifen übersteigenden Weise – eben dies erkannte: der der Ursprung aller Dinge ist, der ist jenseits von allem (Ὁ θεῖος γνόφος ἐστὶ τὸ „ἀπρόσιτον φῶς", ἐν ᾧ κατοικεῖν ὁ θεὸς λέγεται, καὶ ἀοράτῳ

[33] PG 4, 421B.C (als Maximos-Scholion präsentiert); vgl. dazu die in Vorbereitung befindliche Neuedition der *Scholia in Corpus Dionysiacum Areopagiticum* durch B.R. Suchla in der Reihe PTS (= *Corpus Dionysiacum* IV,2).

γε ὄντι διὰ τὴν ὑπερέχουσαν φανότητα καὶ ἀπροσίτῳ τῷ αὐτῷ δι' ὑπερβολὴν ὑπερουσίου φωτοχυσίας. Ἐν τούτῳ γίγνεται πᾶς ὁ θεὸν γνῶναι καὶ ἰδεῖν ἀξιούμενος, αὐτῷ τῷ μὴ ὁρᾶν μηδὲ γινώσκειν ἀληθῶς ἐν τῷ ὑπὲρ ὅρασιν καὶ γνῶσιν γιγνόμενος τοῦτο αὐτὸ γιγνώσκων, ὅτι μετὰ πάντα ἐστὶ τὰ αἰσθητὰ καὶ τὰ νοητά, καὶ προφητικῶς ἐρῶν· „Ἐθαυμαστώθη ἡ γνῶσίς σου ἀπ' ἐμοῦ, ἐκραταιώθη, οὐ μὴ δύνωμαι πρὸς αὐτήν." Ὥσπερ οὖν καὶ ὁ θεῖος Παῦλος ἐγνωκέναι τὸν θεὸν λέγεται γνοὺς αὐτὸν ὑπὲρ πᾶσαν ὄντα νόησιν καὶ γνῶσιν, διὸ καὶ ἀνεξιχνιάστους εἶναι τὰς ὁδοὺς αὐτοῦ φησι καὶ „ἀνεξερεύνητα τὰ κρίματα αὐτοῦ" καὶ ἀνεκδιηγήτους τὰς δωρεὰς αὐτοῦ καὶ τὴν εἰρήνην αὐτοῦ ὑπερέχουσαν „πάντα νοῦν", ὡς εὑρηκὼς τὸν ὑπὲρ πάντα καὶ τοῦτο ὑπὲρ νόησιν ἐγνωκώς, ὅτι πάντων ἐστὶν ἐπέκεινα πάντων αἴτιος ὤν (Ep. 5 [162, 3–163, 5 Ritter]).

Was erfahren wir aus dem Scholion des Johannes? Der Kommentator erweist sich darin, wie auch sonst, als durchaus philologisch interessiert. Er war überhaupt ein selbständiger Kopf. So besaß er nachweislich einen unabhängigen Zugang zur antiken Philosophie und vermochte z.B. aus eigenständiger Lektüre Plotins zu schöpfen.[34] Allein, was für uns im Augenblick noch wichtiger ist: er kannte sich offensichtlich in rabbinischer Literatur aus und trug diese Kenntnis an einen Text, den des DA heran, der im Gegensatz zu ihm von unterschiedlichen Übersetzungen des hebräischen Textes von Ex 20,21 nichts zu wissen scheint. Auch findet sich weder an der kommentierten Stelle (MTh 1,3) noch im gesamten CA ein Hinweis darauf, dass dessen Autor Kenntnis besäße von jüdischer Kosmologie und damit auch von den sieben oder gar zehn Himmeln samt deren Einzelnamen, die in rabbinischer und jüdisch-mystischer Literatur eine so bedeutsame Rolle spielen.[35]

[34] Vgl. meinen Beitrag zu Johannes in Band V (Spätantike) des „neuen Ueberweg" (Riedweg/Horn/Wyrwa [2018]), § 176.

[35] Vgl. dazu Ego (2004). Nach P. Schäfer (2011), 449, haben, während „das Ezechielbuch, das Buch der Wächter und interessanterweise

Trotzdem glaubt A. Golitzin, aus der Mitteilung des Scholiasten, „der Hebräer" (wohl = der des Hebräischen Kundige) halte das hebräische *araphel* für den Namen eines Firmaments oder Himmels, in den Mose eintrat, eine Bezugnahme auf jene „alte Tradition" erkennen zu können, „wonach Mose am Sinai zum Thron Gottes im höchsten der Himmel aufstieg, den die Rabbinen der talmudischen Ära – genauer, aber immer noch (damit[36] verwandt) – mit dem Namen *Aravot* bedachten. Mose stieg danach, kurz gesagt, zum Thron der göttlichen Herrlichkeit auf, zum Licht der *Shekinah*", mit anderen Worten der „Gegenwart (παρουσία) Gottes an seinen heiligsten Plätzen".[37]

An dieser Deutung ist meines Erachtens einmal zu kritisieren, dass zwischen Text und Kommentar, DA und seinem Scholiasten, anscheinend nicht mehr unterschieden wird, und zum anderen, dass letzterer ausdrücklich sagt, DA habe die „trefflichere (sc. gottgemäßere)" Interpretation des Eintretens Mosis in das „Dunkel" der Gottesbegegnung geboten. Man muss also schon anders als bei diesem Scholion ansetzen, wenn man *die* „jüdische Mystik" als Hintergrund und *matrix* der dionysianischen plausibel machen möchte.

---

die Johannesoffenbarung (dem Beispiel Ezechiels folgend) die alte biblische Kosmologie mit dem *ein*stufigen Himmel über der Erde (und der Unterwelt unter ihr) beibehalten" haben, „alle übrigen Apokalypsen ein Mehr-Ebenen-Schema" eingeführt, „das aus einer Vielzahl von Himmeln besteht". DA kennt sie nicht; und an der einzigen Stelle, an der er auf II Kor 12, 2–4 anspielt, bleibt der „dritte Himmel" unerwähnt und ist nur von dem dort Wahrgenommenen (d. h. für DA, dass der „Vielgepriesene und Vielbenannte", Gott, unaussprechlich und und namenlos sei [vgl. II Kor 12,4]), die Rede!

[36] Gemeint ist: mit *araphel* – doch ist das philologisch abgesichert?

[37] Golitzin (2001), 482.

Und Golitzin hat tatsächlich anders angesetzt; mit dem größten Aufwand in einem *Scrinium*-Band mit dem Titel „The Theophaneia-School: Jewish Roots of Eastern Christian Mysticism."[38] Dieser Band dokumentiert die Grundlagentexte und ersten, vorläufig freilich auch einzigen mir zur Kenntnis gelangten Ergebnisse eines Seminars, wohl einer ständigen Einrichtung an der Marquette University, das diesem Thema, der Manifestation oder Erscheinung Gottes, gewidmet ist und speziell den jüdischen Hintergrund der ostkirchlichen Mystik erforschen möchte. Dabei geht es nicht nur um die jüdische Merkava-Mystik; aber diese spielt natürlich eine zentrale Rolle.

Höchste Zeit zu erklären, was mit „Merkava-Mystik" gemeint ist. Ich antworte mit einem Zitat P. Schäfers:

> Die Merkavah-Mystik, die um das Thema Gottes Thronwagen (*merkavah*) kreist und ihren Schwerpunkt auf den Aufstieg des Mystikers durch die sieben Himmel und die sieben himmlischen Paläste sowie auf magische Beschwörungen legt, gilt als der Höhepunkt eines langen Prozesses mystischen Denkens, der bei Ezechiel (sc. dem Propheten) seinen Ausgang genommen hatte. Die Literatur, in der diese Bewegung erhalten ist, heißt Hekhalot-Literatur, ein Begriff, der nicht zufällig auf die Architektur des irdischen Tempels (wo mit *hekhal* die Eingangshalle zum Allerheiligsten gemeint ist) anspielt.[39]

Es sind speziell die Kapitel 1 und 10 im Buch des Propheten Ezechiel, die jüdische wie christliche Mystiker interessierten und natürlich auch im CA eine Rolle spielen. Von einem „Thron*wagen*" ist freilich in Ezechiels Berufungsvision (Kap.1) und der erneuten Schauung der „Herrlichkeit" (*kavod*) Gottes (Kap. 10), *ausdrücklich*, nicht die Rede, wohl

---

[38] S. oben S. 114, Anm. 22.

[39] P. Schäfer (2011), 336.

aber von vier „Rädern", die vier „Lebewesen" (*hajjot*) umgeben, unter welchen wir uns wohl die Keruben vorzustellen haben. Die „Räder" sollen, um nochmals P. Schäfer zu zitieren, „zweifellos dazu dienen, das Bild eines Thronwagens hervorzurufen; jeder Beobachter oder Leser wird sofort an einen der fahrbaren Throne gedacht haben, die für den Alten Orient so kennzeichnend sind".[40] Die Späteren haben sich dazu inspirieren lassen, das Bild zu vervollständigen. Danach wölbt sich über den von „Rädern" umgebenen „Lebewesen" der Himmel, und oberhalb von dessen Gewölbe, über den Köpfen der Keruben, wird, und das ist wiederum Originaltext Ezechiels, der Thron einer „Gestalt wie der Anblick eines Menschen" erblickt (LXX übersetzt: ὁμοίωμα ὡς εἶδος ἀνθρώπου [Ez 1,26]).

Was ist davon bei DA aufgenommen? Als aufschlussreichste Stelle darf wohl folgende Passage aus dem Schlusskapitel von CH gelten:

> Es will noch betrachtet werden, dass auch Flüsse, Räder und Wagen (sc. von der ‚Gotteskunde', der Bibel) ausdrücklich mit den himmlischen Wesen (sc. den Engeln) in Verbindung gebracht werden. Die feurigen *Flüsse* (vgl. Dan 7,10) bezeichnen nämlich die thearchischen (d.h. von Gott als dem Ursprung aller Vergottung herrührenden) Kanäle, die ihnen (den Engeln) reichen und nie versiegenden Zufluss darbieten und sie mit lebenspendender Fruchtbarkeit nähren. Die *Wagen* (vgl. Sach 6,1–7) bedeuten die verbindende Gemeinschaft derer, die gleichen Ranges sind, die geflügelten, ohne Rückwendung und Abweichung nach vorn strebenden *Räder* (vgl. Ez 1, 15–21; Dan 7, 9) die Kraft ihrer auf geradem, rechtem Wege voranschreitenden Energie, insofern sich ihre gesamte intelligible Umdrehung in einer alles Kosmische übersteigenden Weise auf dieselbe, ohne Biegung gerade dahin führende Bahn ausrichtet.

---

[40] P. Schäfer (2011), 67.

Man kann den nach oben weisenden (‚anagogischen') Sinn des Bildes von den intelligiblen Rädern indes noch anders deuten. Es wurde ihnen nämlich, wie der Gotteskünder (Ezechiel [Ez 10, 13]) sagt, zusätzlich der Name Gelgel beigelegt.[41] Damit bezeichnet man im Hebräischen Umdrehungen und Enthüllungen. Die feurigen, gottgestaltigen Räder (Dan 7,9) verdanken nämlich die Umdrehungen der nie ruhenden Bewegung um dasselbe Gut, ihre Enthüllungen der Offenlegung der verborgenen Dinge und der Emporführung des Niederen und der Herableitung der erhabenen Erleuchtungen auf das Niedrigergestellе (Οἱ μὲν γὰρ ἐμπύριοι πτοταμοὶ σημαίνουσι τοὺς θεαρχικοὺς ὀχετοὺς ἄφθονον αὐταῖς καὶ ἀνέκλειπτον ἐπίρροιαν χορηγοῦντας καὶ ζωοποιοῦ θρεπτικοὺς γονιμότητος, τὰ δὲ ἅρματα τὴν συζευτικὴν τῶν ὁμοταγῶν κοινωνίαν, οἱ δὲ τροχοὶ πτερωτοὶ μὲν ὄντες, ἐπὶ δὲ τὰ πρόσθεν ἀνεπιστρόφως καὶ ἀκλινῶς πορευόμενοι τὴν κατ᾽ εὐθεῖαν καὶ ὄρθιον ὁδὸν τῆς πορευτικῆς αὐτῶν ἐνεργείας δύναμιν, ἐπὶ τὸν αὐτὸν ἀκλινῆ καὶ ἰθύτομον οἶμον ἁπάσης αὐτῶν τῆς νοερᾶς τροχιᾶς ὑπερκοσμίως ἰθυνομένης.

Ἔστι δὲ καὶ κατ᾽ ἄλλην ἀναγωγὴν ἀνακαθᾶραι τὴν τῶν νοερῶν τροχῶν εἰκονογραφίαν. Ἐπεκλήθη γὰρ αὐτοῖς ὥς φησιν ὁ θεολόγος Γελγέλ· ἐμφαίνει δὲ τοῦτο καθ᾽ ἑβραϊκὴν φωνὴν ἀνακυλισμοὺς καὶ ἀνακαλύψεις. Οἱ γὰρ ἐμπύριοι καὶ θεοειδεῖς τροχοὶ τοὺς μὲν ἀνακυλισμοὺς ἔχουσι τῇ περὶ τὸ ταὐτὸν ἀγαθὸν ἀειδινήτῳ κινήσει, τὰς ἀνακαλύψεις δὲ τῇ τῶν κρυφίων ἐκφαντορίᾳ καὶ τῇ τῶν περιπεζίων ἀναγωγῇ καὶ τῇ τῶν ὑψηλῶν ἐλλάμψεων εἰς τὰ ὑφειμένα καταγωγικῇ διαπορθμεύσει [CH 15, 9 (58, 7–59, 4 Heil); Übers. Heil, leicht geändert]).

Grundlegend für den rechten Umgang mit biblischen Metaphern ganz allgemein ist ein Passus aus dem Anfang von Kap. 2 derselben Schrift, wo es heißt:

(Wir müssen) … im Anschluss daran behandeln, welche geheiligten Gestalt(ung)en die geheiligten Beschreibungen der (biblischen) WORTE den himmlischen Rängen verleihen und bis zu welchem Grad an Einfachheit (Einfaltigkeit, Unzusammenge-

---

[41] So auch in der LXX-Version, der DA seine Kenntnis entnommen haben wird.

setztheit) beim Durchgang durch die Gestaltungen man gelangt sein muss, um nicht auch selbst, der Menge gleich, anzunehmen, die himmlischen und gottgemäßen (auf Gott hin ausgerichteten, nach ihm sich gestaltenden) Geistwesen (Intelligenzen, d.h. Engel) seien mit irgendwelchen Vierfüßlern oder Wesen mit vielen Gesichtern identisch und zur Tiergestalt von Stieren oder der von Löwen geformt oder (aber) nach der krummschnäbeligen Art der Adler (vgl. Ez 1, 6–10; 10, 8–17) oder dem flaumigen Federwuchs des Geflügels (vgl. Ez 1, 6. 11; 10, 5. 8. 12. 16. 18. 21); (auch sollten wir uns hüten), uns etwa feurige Räder (vgl. Ez 1, 15–21; 10, 2. 6. 9–19) oberhalb des Himmelsgewölbes vorzustellen und Throne aus Materie (vgl. Ez 1,26; 10, 1.4), die Gott (wörtl.: der Thearchie) zum Hinsetzen (oder Ausruhen) dienen und buntgescheckte Pferde (Sach 6, 7) und lanzenschwingende Heerführer (Erzstrategen) und was uns sonst noch durch die WORTE im bunten Formenreichtum der offenbarenden Symbole überliefert wird. Denn natürlich hat sich die Gotteskunde bei den gestaltlosen Geistwesen der dichterischen Formen geheiligter Bildsprache bedient, weil sie, wie gesagt, unser (begrenztes) Denkvermögen in Betracht zog und Vorsorge traf für eine ihm angemessene und artgemäße Entwicklung zu Höherem und in Hinsicht darauf die „anagogischen" (zu höherer Einsicht auffordernden) geheiligten Beschreibungen ([Χρὴ τοιγαροῦν ὡς οἶμαι ...] ἑπομένως τε τούτοις εἰπεῖν ὁποίαις ἱεραῖς μορφώσεσι τὰς οὐρανίας σχηματίζουσι διακοσμήσεις αἱ τῶν λογίων ἱερογραφίαι, καὶ πρὸς ποίαν ἀναχθῆναι χρὴ διὰ τῶν πλασμάτων ἁπλότητα, ὅπως μὴ καὶ ἡμεῖς ὡσαύτως τοῖς πολλοῖς ἀνιέρως οἰώμεθα τοὺς οὐρανίους καὶ θεοειδεῖς νόας πολύποδας εἶναί τινας καὶ πολυπροσώπους καὶ πρὸς βοῶν κτηνωδίαν ἢ πρὸς λεόντων θηριομορφίαν τετυπωμένους καὶ πρὸς ἀετῶν ἀγκυλόχειλον εἶδος ἢ πρὸς πτηνῶν τριχώδη πτεροφυίαν διαπεπλασμένους καὶ τροχούς τινας πυρώδεις ὑπὲρ τὸν οὐρανὸν φανταζώμεθα καὶ θρόνους ὑλαίους τῇ θεαρχίᾳ πρὸς ἀνάκλισιν ἐπιτηδείους καὶ ἵππους τινὰς πολυχρωμάτους καὶ δορυφόρους ἀρχιστρατήγους καὶ ὅσα ἄλλα πρὸς τῶν λογίων ἡμῖν ἱεροπλάστως ἐν ποικιλίᾳ τῶν ἐκφαντορικῶν συμβόλων παραδέδοται. Καὶ γὰρ ἀτεχνῶς ἡ θεολογία ταῖς ποιητικαῖς ἱεροπλαστίαις ἐπὶ τῶν ἀσχηματίστων νοῶν ἐχρήσατο τὸν καθ' ἡμᾶς ὡς εἴρηται νοῦν ἀνασκεψαμένη καὶ τῆς οἰκείας αὐτῷ καὶ συμφυοῦς ἀναγωγῆς προνοήσασα καὶ πρὸς αὐτὸν ἀναπλάσασα τὰς ἀναγωγικὰς ἱερογραφίας [CH 2,1 (9,19 -10,12 Heil); Übers. Heil, geändert]).

Beide Stellen, CH 2, 1 und 15, 9, spielen bei Golitzin nur eine ganz nebensächliche Rolle.[42] Es fällt zudem auf, dass in seinem zuletzt erschienenen Werk von der jüdischen Mystik als *matrix* der dionysianischen, wenn ich nichts überlesen habe, gar nicht mehr die Rede ist. Gründe für dieses Schweigen werden nicht genannt.

Was das Verhältnis der Ezechiel-Bezüge im CA zur Merkava-Mystik betrifft, so ist ferner nicht unwichtig zu sehen, dass die erwähnten „Paläste" von einer dem Bekenner Maximos sowie einer der Maximus-Vulgata zuzuordnenden Scholienüberlieferung zu DN 1, 8[43] ganz ‚griechisch' und die Auditionen allegorisch-anagogisch erklärt werden.[44]

---

[42] Ich kann das mit Bestimmtheit freilich allein von seiner jüngsten Buchveröffentlichung sagen, einer völligen Neubearbeitung seines vielbeachteten Werkes *„Et introibo ad altare Dei"* (Golitzin [1994]). Nur das neue Buch (Golitzin [2013]) enthält wenigstens ein Bibelstellen- und ein Register von Stellen im CA, während der voluminöse *„Scrinium"*-Band (s. oben, S. 114 mit Anm. 22) genau so wie das Buch von 1994 auf Register komplett verzichtet.

[43] 120, 11 Suchla.

[44] S. Suchla (Hg. [2011]), 158, App. Letzteres geschieht auch bei der Deutung der „Winde" (Ez 1, 4) und des „Nebels" (ebenda) in CH 15,6. Allegorische Schriftauslegung (15, 7 [57, 1 f. ist, wie erwähnt, von einer ἀναγωγικὴ ἀνακάθαρσις die Rede]) widerfährt auch den „geflügelten Füßen" CH 15, 3 (54, 12) und dem Anblick blanker Bronze, ebenda, 7 (56, 14); zur menschen- und tiergestaltigen Schilderung der Engelsgesichter (Ez 1,10) vgl. CH 15, 3. 8 (53, 6; 57, 6–10); allegorisch gedeutet werden das Aussehen wie brennende Feuerkohlen etc. (1, 13) in 15, 2 (52, 1–3); zu den „Rädern" (τροχοί) an den Seiten der vier „Wesen" (Ez 1, 15) vgl. außer CH 2, 1 [10, 5] auch ebenda 5, 2 [51, 24–52, 1]), zu den „vieläugigen Felgen" der Räder (Ez 1, 18) vgl. CH 15, 3. *Summa summarum*: es verbleibt alles im Horizont der – allegorisch-anagogisch – gedeuteten Bibeltexte, während die Kenntnis und Benutzung

Dass dagegen weder F. Mali noch A. Golitzin den einflussreichen hellenistisch-jüdischen Philosophen und Theologen Philon von Alexandrien (gest. 50 n.Chr.) für ihre Thesen ins Spiel bringen, ist ohne weiteres verständlich. Denn Philon „hinterließ", um noch einmal P. Schäfer zu zitieren, „praktisch keine Spuren im umfangreichen Korpus der rabbinischen Literatur. Seine Schriften blieben in der nachfolgenden jüdischen Tradition bis zur zweiten Hälfte des 16. Jahrhunderts völlig vergessen"; es war den Christen vorbehalten, ihn vor dem Vergessen zu bewahren.[45] Auch DA hat ihn sicher gekannt und benutzt, obwohl sich Spuren davon nur schwer ausmachen und von denen anderer wichtiger Philonrezipienten wie Origenes und Gregor von Nyssa unterscheiden lassen.

Eine letzte Spurensuche. Wir haben bisher bei der Nachfrage nach eventuellen jüdischen Einflüssen eher mit rabbinischen Quellen zu tun gehabt. Es ist indessen vermutet worden, dass auch das Apokryphon „Joseph und Aseneth"[46] von Einfluss auf DA gewesen sein könnte. Vielleicht sei die Gruppe, mit der dieser Kontakt hatte, dieselbe oder auch eine ähnliche wie die gewesen, der auch dieser jüdische „Roman" entstammte. Besonders das Interesse dieser Gruppe an der Integration der Philosophie bzw. der Weisheit (vgl. Kap. 19, 11), die Ähnlichkeit bezüglich der „liturgischen" Feiern von Initiation, Mahl und Salbung (vgl.

---

einer spezifisch rabbinisch-jüdischen Auslegungstradition, wenn ich recht sehe, nirgends erkennbar wird.

[45] P. Schäfer (2011), 218.

[46] Vorläufiger kritischer Text von C. Burchard in: derselbe, Gesammelte Studien zu Joseph und Aseneth, Leiden – New York – Köln 1996 (Studia in Veteris Testamenti Pseudepigrapha 13), 163–209; endgültiger Text, hg.v. E. Reinmuth/S. Alkier, Tübingen 2009.

Kap. 15, 13–17, 6; 20, 1–21, 9) seien frappierend.[47] Allein, Gen 41, 45. 50 und 46, 20, wo von Josephs Heirat mit der ägyptischen Priestertochter Aseneth-Asenath die Rede ist, wird im CA nirgends zitiert. Es gibt auch keine Anspielung darauf, auf die der Roman hätte abfärben können, falls er dem Autor des CA bekannt gewesen wäre. Ich fand ferner keinen einzigen Begriff oder Gedanken, der eine *spezifische* Nähe zwischen Roman und CA erkennen ließe, so dass es mich nicht im geringsten verwunderte, dass man in der maßgeblichen neueren Literatur zu „Joseph und Aseneth"[48] nach dem Namen des ‚Areopagiten' vergeblich fahndet. Zudem: wäre es anders, wäre der Roman DA bekannt gewesen und hätte er in dessen Werk Spuren hinterlassen, so ließen sich daraus dennoch keine eindeutig jüdischen Einflüsse auf das CA ableiten. Denn „Joseph und Aseneth" dürfte zwar aus der jüdischen Diaspora in Ägypten stammen. Seine Entstehung wird auf die Zeit zwischen 100 vor und 100 nach unserer gemeinsamen Zeitrechnung angesetzt. Inzwischen aber war der Roman längst „getauft". Und zum Erfolg wurde er jedenfalls so gut wie sicher erst in christlicher Rezeption. Dagegen ist aus jüdischer Literatur bis in die Neuzeit kein Zeugnis für ihn bekannt ist.[49]

So gelange ich denn zu folgendem

---

[47] In diesem Sinne äußerte sich vor Jahren mein verstorbener Kollege M. van Esbroeck mir gegenüber mündlich. Seine Vermutung hat wohl eine Rolle gespielt auch bei seinen Kontakten mit F. Mali, über die mir dieser in einem Brief vom 29. Mai 1998 berichtete.

[48] Das heißt vor allem in den Schriften C. Burchards sowie der Dissertation des Burchardschülers D. Sänger, Antikes Judentum und die Mysterien, Tübingen 1980 (WUNT, 2.R. 5), oder in R.S. Kraemer, When Aseneth Met Joseph. A Late Antique Tale of the Biblical Patriarch and His Egyptian Wife, Reconsidered, New York-Oxford 1998.

[49] Vgl. C. Burchard, Der jüdische Asenethroman und seine Nachwirkung. Von Egeria zu Anna Katharina Emmerich oder von Moses

Fazit

Etwas auch nur Vergleichbares wie, dass DA – immer aufs neue und überdeutlich – seine Absicht bekundet, sich der Herausforderung durch die griechische Philosophie seiner Zeit zu stellen,[50] ist uns nirgends begegnet, als wir mit der Frage nach *spezifisch* jüdischen Einflüssen auf sein Denken unterwegs waren. Genau so ergeht es einem jeden bei der Beschäftigung mit Quellen zur jüdischen Mystik, *soweit sie DA hätte kennen können*; bei mittelalterlichen und erst recht (früh)neuzeitlichen Quellen ist das bekanntlich ganz anders. Das Studium von Quellen der Frühzeit ist, finde ich zumindest, von größtem Interesse. Dennoch fühlt man sich weitgehend wie in eine andere Welt versetzt verglichen mit der, die sich aus der Dionyslektüre erschließt, was natürlich mit einem Werturteil nichts zu tun hat.

Wo immer aber DA vom Judentum (einschließlich der hebräischen Bibel) spricht, geschieht das ohne jede Polemik und Distanzierung.[51] Und das passt ganz zu der irenischen

aus Aggel zu Karl Kerényi, in: W. Haase/H. Temporini [Hgg.], Aufstieg und Niedergang der römischen Welt, II 20, 1, Berlin-New York 1987, 544–667.

[50] Allein damit, dass er gelegentlich mit jedem Satz, jedem Gedanken die Assoziation mit Proklos und in zweiter Linie mit Jamblich, Plotin und Porphyrios (in, themenbedingt, wechselnder Reihenfolge) heraufbeschwört, sofern seine Leser mit deren Schriften annähernd so vertraut sind wie er selbst; vgl. Ritter (1994), 30.

[51] Abgesehen davon, dass gelegentlich von unterschiedlichen „Lesarten“ der Bibel bei Juden und Christen die Rede ist (wie etwa Ep. 9, 1 (197, 15–198, 5 Ritter) und sich der Autor als Nicht-Jude zu erkennen gibt (wie CH 9, 3; 38, 10–16 Heil). Das alles aber hat wohl weniger mit Polemik als mit der Feststellung von Tatsachen zu tun; mehr sollte man in beides nicht hineingeheimnissen (gegen Mali [1997], 173–185).

Gesinnung, die ihn auch sonst auszeichnet – und gerade heute als ein Vorbild erscheinen lässt.[52]

[52] Der respektvolle Umgang mit anderen Religionen und Weltanschauungen ist, wie berichtet (s. oben, Kap. I, S. 18), das Thema vor allem der Briefe 6 und 7 (164,1–170,8 Ritter). Geschrieben sind sie in der Zeit Justinians I., des intolerantesten unter allen christlichen Kaisern der Antike!

V.

Neuplatonismus und Christentum am Beispiel des Verständnisses von Gebet und Gottesverehrung bei Proklos und Dionys

Ich beginne dies letzte Kapitel mit einem längeren Zitat aus dem CA:

Als erstes lasst uns, wenn es für gut befunden wird, das allvollkommene, die Hervorgänge Gottes insgesamt offenbarende Prädikat des ‚Guten' betrachten, zuvor aber die Dreifaltigkeit anrufen; (ist sie doch) Ursprung und (zugleich) Überbietung *alles* Guten, sie, die die Erweise ihrer gütigsten Vorsehung allesamt offenbar werden lässt. Es geziemt sich nämlich, dass wir uns mit unseren Gebeten zuerst zu ihr als Ursprung der Güte erheben und, in dem Maße, wie wir uns ihr nähern, tiefer in das Geheimnis jener allguten Gaben eindringen, von denen sie allseits umgeben ist.[1] Denn sie selbst ist zwar allem nahe, doch nicht alles ist ihr nahe. Dann allerdings, wenn wir sie mit ganz und gar reinen Ge-

[1] Vgl. Jak 1, 17: πᾶσα δόσις ἀγαθὴ καὶ πᾶν δώρημα τέλειον … („Jede gute Gabe und jedes vollkommene Geschenk stammt von oben, da es herniedersteigt vom Vater der Lichter"). Soweit griechisch zitiert, handelt es sich um den einzigen Hexameter in der griechischen Bibel. Aber nicht deshalb wird der Jakobusbriefvers gern von DA zitiert oder wird, wie hier, darauf angespielt. So eröffnet sein Zitat den Traktat CH (bedauerlicherweise fehlt die Stelle [CH 1, 1; 7, 3 f. Heil] im Bibelstellenverzeichnis der kritischen Ausgabe, während das Zitat an Ort und Stelle – natürlich – als solches ausgewiesen ist). Zurecht vermerkt der Testimonienapparat von G. Heil, dass der unmittelbar folgende Kurzkommentar des Autors (7, 4–7) „im Kern (*in nuce*) die ganze Theologie Dionysens enthält"!

beten, ungetrübtem Sinn und in der Haltung anrufen, wie sie zur Einung mit Gott erforderlich ist, werden auch wir ihr nahe sein. Sie selbst ist ja nicht (in dem Sinne) verortet (ortsgebunden), dass sie an einem anderen (Ort) nicht präsent wäre oder aber von einer Seite auf eine andere überwechselte. Doch auch zu sagen, sie wohne allen Seienden *inne*, bleibt weit hinter ihrer alles übersteigenden und alles in sich begreifenden Unendlichkeit zurück.

Lasst uns infolgedessen mit unseren Gebeten uns selbst emporrecken und, weiter aufwärts, aufschauen zu den göttlichen und gütigen Strahlen. Es ist, wie wenn eine lichtreiche Kette, am Gipfel des Himmels befestigt, bis zu uns herniederreichte und wir sie, mit den Händen abwechselnd, immer weiter oben zu fassen bekämen und es den Anschein hätte, als zögen wir sie herab; in Wirklichkeit jedoch zögen wir sie nicht (zu uns) hernieder, da sie oben und unten (zugleich) gegenwärtig ist, sondern wir selbst erhöben uns zu dem höheren Glanz der lichtreichen Strahlen empor. Oder (ein anderes Gleichnis): wenn wir ein Schiff bestiegen hätten und uns an Taue festklammerten, die von irgendeinem Felsen zu uns hin ausgespannt und uns sozusagen zum Festhalten zur Verfügung gestellt worden wären, dann zögen wir nicht den Felsen an uns, sondern in Wirklichkeit uns selbst samt dem Schiff an den Felsen heran. Und (noch ein letzter Vergleich): wenn einer, auf dem Schiff stehend, den Felsen am Ufer wegstoßen will, dann wird er bei dem unbeweglich feststehenden Felsen nichts ausrichten, er selbst aber wird sich von diesem entfernen; und je mehr er ihn wegstoßen will, desto mehr wird er von ihm fortgetrieben werden. Deshalb ist es notwendig, vor jeglichem (Tun), zumal, wenn es mit Gotteskunde zu tun hat, ein Gebet darzubringen; nicht als zögen wir (auf diese Weise) die überall und nirgends anwesende (göttliche) Macht zu uns her, sondern (aus dem Motiv heraus), uns ihr, durch (immer erneutes) Gedenken und die Anrufungen Gottes, hinzugeben und mit ihr zu vereinen (Καὶ πρώην, εἰ δοκεῖ, τὴν παντελῆ καὶ τῶν ὅλων τοῦ θεοῦ προόδων ἐκφαντορικὴν ἀγαθωνυμίαν ἐπισκεψώμεθα τὴν ἀγαθαρχικὴν καὶ ὑπεράγαθον ἐπικαλεσάμενοι τριάδα τὴν ἐκφαντορικὴν τῶν ὅλων ἑαυτῆς ἀγαθωτάτων προνοιῶν. Χρὴ γὰρ ἡμᾶς ταῖς εὐχαῖς πρῶτον ἐπ᾽ αὐτὴν ὡς ἀγαθαρχίαν ἀνάγεσθαι καὶ μᾶλλον αὐτῇ πλασιάζοντας ἐν τούτῳ μυεῖσθαι τὰ πανάγαθα δῶρα τὰ περὶ αὐτὴν ἱδρυμένα. Καὶ γὰρ αὐτὴ μὲν ἅπασι πάρεστιν, οὐ πάντα δὲ αὐτῇ πάρεστι. Τότε δέ, ὅταν αὐτὴν ἐπικαλούμεθα πανάγνοις μὲν εὐχαῖς, ἀνεπιθολώτῳ δὲ νῷ καὶ τῇ πρὸς θείαν ἕνωσιν ἐπιτηδειότητι, τότε καὶ ἡμεῖς αὐτῇ πάρεσμεν. Αὐτὴ γὰρ οὔτε ἐν τόπῳ ἔστιν, ἵνα[2] καὶ ἀπῇ τινος ἢ ἐξ ἑτέρων εἰς ἕτερα μεταβῇ. Ἀλλὰ καὶ τὸ ἐν πᾶσι τοῖς οὖσιν αὐτὴν εἶναι λέγειν ἀπολείπεται τῆς ὑπὲρ πάντα καὶ πάντων περιληπτικῆς ἀπειρίας.

Ἡμᾶς οὖν αὐτοὺς ταῖς εὐχαῖς ἀνατείνωμεν ἐπὶ τὴν τῶν θείων καὶ ἀγαθῶν ἀκτίνων ὑψηλοτέραν ἀνάνευσιν, ὥσπερ εἰ πολυφώτου σειρᾶς ἐκ τῆς οὐρανίας ἀκρότητος ἠρτημένης, εἰς δεῦρο δὲ καθηκούσης καὶ ἀεὶ αὐτῆς ἐπὶ τὸ πρόσω χερσὶν ἀμοιβαίαις δραττόμενοι καθέλκειν μὲν αὐτὴν ἐδοκοῦμεν, τῷ ὄντι δὲ οὐ κατήγομεν ἐκείνην ἄνω τε καὶ κάτω παροῦσαν, ἀλλ᾽ αὐτοὶ ἡμεῖς ἀνηγόμεθα πρὸς τὰς ὑψηλοτέρας τῶν πολυφώτων ἀκτίνων μαρμαρυγάς. Ἢ ὥσπερ εἰς ναῦν ἐμβεβηκότες καὶ ἀντεχόμενοι τῶν ἔκ τινος πέτρας εἰς ἡμᾶς ἐκτεινομένων πεισμάτων καὶ οἷον ἡμῖν εἰς ἀντίληψιν ἐκδιδομένων οὐκ ἐφ᾽ ἡμᾶς τὴν πέτραν, ἀλλ᾽ ἡμᾶς αὐτοὺς τῷ ἀληθεῖ καὶ τὴν ναῦν ἐπὶ τὴν πέτραν προσήγομεν. Ὥσπερ καὶ τὸ ἔμπαλιν, εἴ τις τὴν παραλίαν πέτραν ἑστὼς ἐπὶ τῆς νηὸς ἀπώσεται, δράσει μὲν οὐδὲν εἰς τὴν ἑστῶσαν καὶ ἀκίνητον πέτραν, ἑαυτὸν δὲ ἐκείνης ἀποχωρίσει, καὶ ὅσῳ μᾶλλον αὐτὴν ἀπώσεται, μᾶλλον αὐτῆς ἀκοντισθήσεται. Διὸ καὶ πρὸ παντὸς καὶ μᾶλλον θεολογίας εὐχῆς ἀπάρχεσθαι χρεὼν οὐχ ὡς ἐφελκομένους τὴν ἁπανταχῇ παροῦσαν καὶ οὐδαμῇ δύναμιν, ἀλλ᾽ ὡς ταῖς θείαις μνήμαις καὶ ἐπικλήσεσιν ἡμᾶς αὐτοὺς ἐγχειρίζοντες αὐτῇ καὶ ἑνοῦντας [DN 3, 1 (138, 1–139, 16 Suchla)]).

So lautet eine charakteristische Äußerung des DA zum letzten in diesem Büchlein zu verhandelnden Thema „Gebet und Gottesverehrung".[3] Es ist das im Grunde sogar be-

[2] Für den (unklassischen) Gebrauch von ἵνα im Sinne von ὥστε an dieser Stelle s. Liddell-Scott-Jones (LSJ), Art. ἵνα II.1 (mit Berufung auf LXX, Plutarch und Porphyrios).

[3] Es läge natürlich nahe, dem Dionystext gleich zu Beginn ein entsprechendes Beispiel aus dem Werk des Proklos gegenüberzustellen. Dafür böte sich einer der sieben (acht) Hymnen, nach der maßgeblichen Ausgabe von E. Vogt (*Procli Hymni*, Wiesbaden 1957), an; vgl. dazu R.M. van den Berg, Proclus' hymns: essays, translations, commentary, Köln u.a. 2001 (Philosophia Antiqua 9). Wie dies Buch und

reits seine Hauptaussage zur Sache. Und entsprechend der Devise, vor jeglichem Tun ein Gebet darzubringen, verfährt der Autor auch literarisch, zu Beginn der MTh, der CH und der EH;[4] ja, er unterbricht „gelegentlich“ sogar „den Gang seiner Darlegungen, indem er ein kurzes Gebet einschiebt“.[5]

Das Gebetsthema im CA: Positionen der Forschung

a. W. Völker

In der Dionysliteratur hat man sich mit dem Gebetsthema bislang noch so gut wie gar nicht beschäftigt. Das ist auch nicht weiter verwunderlich, da es für den Autor nicht eben eine zentrale Bedeutung zu besitzen scheint. Lediglich W. Völker hat diesem Thema in seiner Monographie „Kontem-

---

der ältere Kolloquiumsbeitrag von M. Erler (ERLER [1986] beweisen, müsste man, um einen solchen Text verständlich zu machen, sehr weit ausholen und sehr viel mehr ins Detail gehen, als es an dieser Stelle möglich wäre. Einen guten Eindruck vermittelt die zweisprachige Wiedergabe eines der beiden „Aphrodite“-Hymnen, mit knapper, aber informativer Einleitung, durch H. GÖRGEMANNS in dem Reclam-Bändchen „Die griechische Literatur in Text und Darstellung“, Bd. 5: Kaiserzeit, Stuttgart 1988 (rub 8065[5]), die besonders wegen ihrer eleganten Übersetzung (in ungekünstelten Hexametern, entsprechend dem Versmaß der griechischen Vorlage) besticht und auch einleitend die notwendigsten Verständnishilfen bietet. – Wir werden auf anderem Wege den neuplatonisch-proklischen Hintergrund der Gebetsauffassung DAs zu Gesicht zu bringen versuchen.

[4] Vgl. MTh 1, 1 (141, 1–142, 5 Ritter); CH 1, 2 (7, 9 Heil); EH 1, 2 (65, 20f. Heil).

[5] VÖLKER (1958), 67, Anm. 7; vgl. CH 7, 2 (28, 18 Heil), EH 3, 3, 2 (82, 9–12 Heil); MTh 2 (145, 1–5 Ritter).

plation und Ekstase bei Pseudo-Dionysius Areopagita“ wenige Seiten gewidmet.[6] Er stellt dort fest, „dass Dionys keine zusammenhängende Lehre über das Gebet entwickeln“ *wolle*, „sondern manches als bekannt“ voraussetze, „anderes wie im Vorübergehen“ erwähne.[7] Dagegen findet er es „auffällig“, dass DA seine verschiedenen Traktate regelmäßig mit einem – bald an die Trinität, bald an Christus (oder richtiger: Jesus) gerichteten – Gebet beginne.[8] Darin sei allerdings – trotz Parallelen im Neuplatonismus und speziell bei Proklos – kein „Fremdeinfluss“ zu konstatieren, da DA damit lediglich einem „weit verbreiteten christlichen Brauch“ folge.[9] Nachweislich kenne dieser ferner gottesdienstliches Beten[10] wie feste Gebetszeiten (Stundengebet).[11] „Wie vieles wüsste“ er also „über das Gebet zu sagen“, wenn sich dafür bloß eine Gelegenheit gefunden hätte! Es seien aber nun einmal zwei Fragen, die ihn durchaus beschäftigten: zum einen „das eigentliche Problem des

---

[6] Völker (1958), 67–69; zuvor waren von H. Koch (Koch [1900a]), 178–187, frappierende Parallelen zwischen DA und Proklos in Bezug auf die Gebetsstufen festgestellt worden; bei Vanneste (1959) begegnet natürlich das Stichwort „prière“ (s. Index s. v.), es wird aber nirgends thematisiert.

[7] Völker (1958), 67.

[8] Ebenda, Anm. 7.

[9] Völker (1958), 67f. Nach Fenske (1996), 48–79, begegnen allerdings Gebete am Anfang literarischer Werke im frühen Juden- und Christentum eher selten, während sie im paganen Bereich seit alters gut belegt sind!

[10] Darauf beziehen sich fast sämtliche Belege in EH, wie man sich denken kann, nämlich 2, 2, 6 (71, 19 Heil); 3, 3 (80, 8. 21–81,1); 4,2 (95, 15); 7,2 (122 ,23–123, 15); 3, 1. 4 (124, 4;125, 8–23).

[11] Vgl. bes. Ep 8,6 (189, 10–190, 1 Ritter), die Bezeugung des mitternächtlichen Aufstehens, um Gott die fälligen „Hymnen“ (τοὺς θείους ὕμνους) darzubringen bzw. um mit Gott „vertraute Zwiesprache“ zu halten (εἰς τὴν θείαν ὁμιλίαν).

Gebetes", nämlich: ob nicht die Allgegenwart Gottes dieses überflüssig mache;[12] zum andern die Frage, inwiefern das fürbittende Gebet überhaupt berechtigt sei. „Stünde dieses nicht in Widerspruch zur göttlichen Gerechtigkeit, die jedem das Seine zuteilt?"[13] V.s Fazit lautet: Fasse man die versprengten Notizen im CD[14] zur Einheit zusammen und bedenke ferner, dass DA das liturgische Gebet kenne und darüber genaue Angaben machen könne, so werde man in der Annahme schwerlich fehlgehen, „dass sein Gebetsleben aus christlichen Anregungen erwachsen ist, mag es in Einzelheiten auch von Proclus beeinflusst sein".[15]

Nun, man muss die christlichen Motive Dionysens, einschließlich seines „Gebetslebens", überhaupt nicht bezweifeln, was in der Tat wenig Sinn machte,[16] um sich unbefangener und weniger defensiv als Völker auf die Frage nach einer etwaigen neuplatonischen Beeinflussung der ‚areopagitischen' Gebetslehre einzulassen. Jener bestreitet er nämlich einen mehr als marginalen Einfluss, vor allem mit folgender Begründung: 1. könne man „den Hinweis darauf, dass Proclus seine Schriften mit Gebet eröffnet habe, ... wirklich nicht als Beweis ansehen",[17] weil Dionys mit dieser Praxis, so hörten wir bereits, „nur einem weit verbreiteten christlichen Brauch" folge.[18] 2. finde sich der „Grundgedanke, dass Gott immer da ist, aber die Menschen es an Be-

[12] Völker (1958), 68.

[13] Ebenda, 69.

[14] Völker hat diese allerdings mitnichten vollständig erfaßt!

[15] Völker (1958), 69.

[16] So mit Recht Rist (1992), 137 f. m. Anm. 15; vgl. Ritter (1994), 9, Anm. 24.

[17] Völker (1958), 67, Anm. 8.

[18] Man vergleiche dazu aber die Diss. von Fenske (1996).

reitschaft fehlen lassen“, keineswegs nur bei DA,[19] sondern „auch bei Proclus, Institutio theologica“,[20] welcher „auch das Wort σειρά“ verwende.[21] All das berechtige jedoch nicht, den *gesamten* Passus auf Proklos zurückzuführen, da dessen Gebetsstufenlehre (Sammlung, Bindung, Einung mit dem metaphysischen Ursprung) zwar bei DA einen gewissen Widerhall finde. Dieser meine jedoch „im Grunde nichts anderes, als dass das Gebet uns Gott nahe bringe und mit ihm vereinige“[22] – eine verräterische Formulierung, dies „im Grunde nichts anderes ... als“; man muss der Sache offenkundig genauer nachgehen! 3. sei Roques darin recht zu geben, dass der Proklos und DA verbindende Gebrauch des Bildes von der „Kette“ (σειρά) nicht verallgemeinert werden dürfe. Begegne dieses Bild doch bei letzterem nur ein einziges Mal und sei überdies auch bei Gregor von Nazianz und dessen Namensvetter von Nyssa nachweisbar.[23] Ob diese beiden klassisch gebildeten Kirchenväter nicht mit Proklos aus einer gemeinsamen Quelle schöpften, nämlich: Homer, Il. Q 18ff., und Plato, *resp.* 616bff., und sich daher die Einflüsse (patristisch *oder* neuplatonisch) gar nicht gegeneinander ausspielen lassen, wird erstaunlicherweise von Völker so wenig erwogen wie von seinem Gewährsmann Roques! 4. und letztens nimmt Völker unbedenklich dessen Beteuerung auf, „die Wendung ἐγχειρίζοντες αὐτῇ („uns ihr [der überall und nirgends anwesen-

[19] Zurecht weist Völker (1958) bes. auf DN 3,1 (s. oben, S. 123ff.).

[20] Beispielhaft werden genannt Kap. 140 (124, 7ff. Dodds); 143 (126, 13f.).

[21] Beispielhaft werden genannt Kap. 21 (24, 5. 6f. 19 Dodds); 145 (128, 15. 18).

[22] Völker (1958), 69, Anm. 1.

[23] Vgl. Gregor.Naz., or. 31, 28 (PG 36, 165A); Gregor.Nyss., *anim. et res.* 3 (PG 46, 89A).

den göttlichen Macht] in die Hände zu geben [und mit ihr zu vereinen]") gegen Ende der eingangs zitierten Stelle DN 3, 1 (139, 15 Suchla) „verrate eine Innigkeit, die Proclus fremd sei".[24] Es ist das erneut ein Urteil, welches sich schwerlich aus der von Proklos und DA verwendeten Begrifflichkeit *allein* ableiten ließe, sondern einzig durch eine eingehende vergleichende Analyse untermauert werden könnte.[25]

b. J.M. Rist

Vorbildlich für solche Offenheit ist in meinen Augen ein – von der Dionysforschung nie recht wahrgenommener – Festschriftbeitrag J.M. Rists,[26] auf den etwas ausführlicher eingegangen sei, obwohl er für unser Thema auf den ersten Blick gar nichts austrägt. Rist geht aus von der Tatsache, dass im Lauf der Jahrhunderte verschiedene Aspekte des ‚areopagitischen' Theologieentwurfs als bedenklich empfunden wurden und zu ‚Vorwürfen' Anlass gaben. Mit zweien dieser traditionellen Vorwürfe will er sich näher beschäftigen, und zwar unter der Fragestellung, ob sie in Wechselbeziehung zueinander stünden und, wenn ja, ob die Aufdeckung solcher Wechselbeziehungen dazu verhelfe,

---

[24] VÖLKER (1958), 69, Anm. 1.

[25] Völker könnte allerdings durch U. v. WILAMOWITZ MOELLENDORFF, Die Hymnen des Proklos und Synesios, (1907; später in DERS.: Kleine Schriften, II, Berlin 1971, 163–191, von neuem zugänglich) beeinflusst worden sein; s. dazu die Diskussion bei ERLER (1986), 180–187, der gesteht, es sei „nicht leicht, sich dem Endruck zu entziehen, den die Gedichte (sc. Proklos' Hymnen) auf Wilamowitz machten" (181).

[26] RIST (1992).

besser „zu verstehen, was Dionysius als seine wichtigsten philosophischen (und praktischen) Ziele ansieht".[27] Ausgeschlossen ist für ihn dabei der ‚Fälschungs'-Vorwurf, während im Mittelpunkt stehen einerseits der Vorwurf des ‚Monophysitierens', d.h. des Liebäugelns mit einer „Ein-Naturen"-Christologie, der das CA, wie wir sahen, fast seit dem Zeitpunkt seines Bekanntwerdens begleitet;[28] zum anderen der des ‚Platonisierens', wie ihn, wie ebenfalls bereits erwähnt, mit besonderer Schärfe Luther erhob, welcher fand, jener „Dionysius, wer immer er war", denke mehr als Platoniker denn als Christ (*plus platonisans quam Christianisans*). Springender Punkt war für Luther dabei, dass im Theologieentwurf des DA kein Raum sei für eine „Kreuzestheologie" (*theologia crucis*) im Sinne des Apostels Paulus, welcher es „für richtig hielt", unter den Seinen „nichts zu wissen als allein Jesus Christus", und zwar „den Gekreuzigten" (II Kor 2, 2). Bei Dionys dagegen lerne man „Christus ... so wenig kennen", dass man ihn „vielmehr wieder" vergesse, falls man ihn bereits kenne.[29]

So etwas wie „christologische Defizite" sind also schon längst bei DA konstatiert, nicht erst durch und seit Luther, und, teilweise zumindest, mit dessen ‚Platonisieren' in Verbindung gebracht worden. Doch ist, meine ich, nur schwer einzusehen, wie eine Marginalisierung der Christologie, wenn sie denn bei DA wirklich vorliegt, als mögliche Konsequenz des ‚Platonisierens', und eine „mono"- beziehungsweise „miaphysitische" Tendenz im Ernst und *wesenhaft*

---

[27] Rist (1992), 135.

[28] Vgl. dazu noch immer Stiglmayr (1894/95), 3–96; derselbe, Der sog. Dionysius und Severus von Antiochien, in: Schol. 3 (1928) 1–27. 161–189.

[29] M. Luther, *De capt. Babyl.* (WA 6, 562); vgl. dazu oben (59f.).

sollten Hand in Hand gehen können![30] So scheint es ratsam zu sein, dem Gedanken einer Wechselwirkung zwischen „Monophysitieren“ und „Platonisieren“ bei DA einstweilen nicht weiter nachzugehen, sondern beides je für sich zu bedenken. Für unsere Überlegungen aber ist zunächst einzig von Interesse, wie ein so hervorragender Kenner der spätantiken Geistes- und Philosophiegeschichte wie Rist mit dem gegen DA erhobenen Vorwurf des „Platonisierens“ umgeht.

Rists These lautet, Dionys sei ein „waschechter Neuplatoniker“ (*a genuine Neoplatonist)* gewesen, welcher sich zu einer Form des Christlichen bekehrte, die er für ganz und gar authentisch hielt.[31] Seine Begründung lautet: Die neuplatonische Prägung des DA sei so augenscheinlich, dass sie heutzutage, bis zu einem bestimmten Punkt zumindest, allgemein akzeptiert werde und darum keines Nachweises mehr bedürfe.[32] Andererseits seien nicht allein die beiden „Hierarchien“-Schriften (CH, EH) mit dem durchtränkt, was ihr Verfasser für Christentum hielt. Vielmehr verrate auch etwa der Reichtum an biblischem Detail, an Kenntnis der Bibel, wie er im Traktat über die Gottesprädikationen (DN) seinen Niederschlag gefunden habe, einen Autor, der sowohl in den christlichen Heiligen Schriften völlig zuhause als auch davon überzeugt war, dass deren neuplatonische Auslegung als legitim, als genuin christlich, zu gelten habe.[33] Rist meint überdies, noch bestimmte wichtige Züge am nachplotinischen Neuplatonismus (Porphyrios, Jamblich, Proklos) ausmachen zu können, welche DA ermutigt

---

[30] Dass sie akzidentell miteinander verbunden sein können, steht außer Frage; dafür ist DA der beste Beweis!

[31] Rist (1992), 156.

[32] Ebenda, 137.

[33] Ebenda, 139.

haben mögen zu glauben, eine echte Synthese zwischen Neuplatonismus und Christentum sei möglich. Auch scheine ihm das Christentum selbst zu einigen für ihn wichtigen Problemen über Lösungsansätze zu verfügen, wo der heidnische Neuplatonismus, einschließlich Jamblichs, sich bislang vergebens abgemüht hatten. Rist verweist in diesem Zusammenhang speziell auf die „Krisis" im Bereich der neuplatonischen Ethik, wie sie unter anderem in den Differenzen zwischen Plotin und seinen unmittelbaren Nachfolgern (Porphyrios und Jamblich), aber auch zwischen diesen selbst über die Frage zutagetritt, wie es möglich sei, sein moralisches und spirituelles Leben zu bessern, ferner auf die unterschiedliche Einstellung innerhalb des nachplotinischen Neuplatonismus zur „Theurgie" – als möglicher Antwort auf die genannte „Krise" – und endlich auf die Unsicherheit selbst Jamblichs in der Frage nach einem „universalen Weg" zum „Heil".[34] Über seiner „Bekehrung" sei DA allerdings überzeugt geblieben, dass die Neuplatoniker nur wenige Worte und Wendungen zu ändern brauchten, um Christen zu sein. Das könne im schlimmsten Fall darauf hindeuten, dass DA das Gewicht jener wenigen Worte und Wendungen nicht begriffen – oder nicht offen eingestanden habe.[35] In jedem Falle aber sei sein Versuch einer Synthese mit einem Verlust an christlicher Substanz erkauft worden.[36]

Es gäbe vieles zu fragen, vieles zu diskutieren, wollte man Rists anregendem Beitrag auch nur annähernd gerecht werden. Zu klären wäre zum Beispiel, ob es unbedingt erforderlich ist, von einer „Konversion" unseres „Dionys" aus-

[34] Vgl. ebenda, 140–145.

[35] Rist (1992), 159.

[36] Ebenda, 139 u. ö.

zugehen, da die entsprechenden Anspielungen im CD mit der fiktiven Identifizierung seines Verfassers mit dem von Paulus bekehrten Areopagiten zusammenhängen, also ebenfalls fiktiv sein könnten. Abzuwehren wäre ferner das durch die wiederholte Rede von DA als einem „genuine Neoplatonist“ womöglich nahegelegte Missverständnis, als liege bei diesem ein ‚genuiner‘, im Sinne von ‚integraler‘, Neuplatonismus vor. Das ist natürlich nicht der Fall, und niemand weiß das besser als ein Kenner wie Rist. Klärungsbedarf sehe ich nicht zuletzt bei dem von ihm entworfenen Porträt des DA als eines „law-and-order-man“,[37] obgleich dieses ohne Zweifel an den Texten, besonders am Brief*corpus* (s. Ep. 8), einen Anhalt hat.[38] Doch ist zu einer ausführlicheren Erörterung dieser Fragen hier nicht der rechte Ort.

Wir greifen nur auf, worüber sich mit Rist relativ leicht eine Verständigung erzielen läßt, und spitzen es im Blick auf unser Thema zu:

Die „Christlichkeit“ des CA (oder CD)

Rist betont wiederholt, weil es ihm offenbar wichtig ist: wer DA einen Neuplatoniker nenne, der erhebe damit nicht unbedingt den Vorwurf, dieser sei nur nominell Christ gewesen, ein „Christ“, der gar nicht wirklich gewusst habe, was es mit dem Christentum eigentlich auf sich hat.[39] Nicht zuletzt der trinitarische Hymnus zu Beginn von MTh dient, trotz seiner neuplatonischen Färbung, Rist als Beweis, dass

[37] Ebenda, 152; vgl. auch die folgenden Seiten 152–156 sowie 138f., 150.

[38] Vgl. dazu die Dionysinterpretation von Goltz (1974) mit den kritischen Bemerkungen von Brons (1976), 23–27; auch oben, Kap. III.

[39] Rist (1992), 137; vgl. 139f. 158f. u.ö.

sich DA „selbst wahrhaft als Christen betrachtete, und zwar als einen Christen, der neuplatonische Sprache und neuplatonische Theorien zu benutzen gedachte, um das Christentum fördern zu helfen".[40] Es ist dies das einzige uns im Wortlaut mitgeteilte Gebet im ganzen CD und lautet:

Dreieinigkeit, erhaben über alles Sein, alles Göttliche und alles Gute, Wächterin über die Gottesweisheit[41] der Christen, geleite uns zum Gipfel der geheimnisvollen WORTE[42] empor, hoch über alles Nichtwissen wie über alles Lichte hinaus. Dort liegen ja der Gotteskunde[43] Mysterien in überlichtem Dunkel geheimnisvoll verhüllten Schweigens verborgen: einfach, absolut und unwandelbar. Inmitten undurchdringlichen Dunkels übertreffen sie an Glanz, was größere Leuchtkraft besitzt als alles Übrige; inmitten des gänzlich Unbegreiflichen und Unsichtbaren machen sie die (dafür) blinden Geister jenes Glanzes übervoll, der an Schönheit alles übertrifft (Τριὰς ὑπερούσιε καὶ ὑπέρθεε καὶ ὑπεράγαθε, τῆς Χριστιανῶν ἔφορε θεοσοφίας, ἴθυνον ἡμᾶς ἐπὶ τὴν τῶν μυστικῶν λογίων ὑπεράγνωστον καὶ ὑπερφαῆ καὶ ἀκροτάτην κορυφήν· ἔνθα τὰ ἁπλᾶ καὶ ἀπόλυτα καὶ ἄτρεπτα τῆς θεολογίας μυστήρια κατὰ τὸν ὑπέρφωτον ἐγκεκάλυπται τῆς κρυφιομύστου σιγῆς γνόφον, ἐν τῷ σκοτεινοτάτῳ τὸ ὑπερφανέστατον ὑπερλάμποντα καὶ ἐν τῷ πάμπαν ἀναφεῖ καὶ ἀοράτῳ τῶν ὑπερκάλων ἀγλαιῶν ὑπερπληροῦντα τοὺς ἀνομμάτους νόας [MTh 1, 1 (141, 1–142, 4 Ritter)]).

---

40 Ebenda, 139 mit 138.

41 Ein Wort spezifisch neuplatonischer Prägung, wie die Belege bei Liddell-Scott-Jones zeigen.

42 Wörtlich: „Orakel", neben θεολογία ist dies die bevorzugte Bezeichnung des DA für die Hl. Schrift; „mit λόγια bezeichneten die Neuplatoniker die chaldäischen Orakel und die Schriften Platons, die für sie – wie für unseren Autor die Hl. Schrift – die Offenbarung der Wahrheit enthalten, eine Offenbarung, die sich freilich erst in der richtigen Auslegung erschließt" (RITTER [1994], 81f., Anm. 5).

43 Vgl. dazu RITTER (1994), 62f. Grundbedeutung des Begriffs θεολογία bei DA ist nicht, wie in der Neuzeit, „(verantwortliche) Rede von Gott", sondern „Gottes Wort", „Gotteskunde", Hl. Schrift.

Rist hat recht: dieser Text ist nicht nur schön, er ist auch keinesfalls minder ‚christlich' als die (‚neuplatonischen') Hymnen eines Synesios von Kyrene[44] und eines Marius Victorinus:[45] „Wie immer auch unser Urteil über die christlichen Qualitäten all dieser Texte ausfallen mag: es kann kaum bezweifelt werden, dass ihre Verfasser sie, und zwar aus ähnlichen Gründen, als christliche Erzeugnisse betrachteten".[46]

Die Interpretation, in Form einer an den Adressaten der kleinen Schrift, MTh, gerichteten Ermahnung, die DA unmittelbar folgen läßt, rückt den Text zugleich in die Nähe seiner zu Beginn dieses Abschlusskapitels zitierten Gebets-‚Theorie' und mit dieser zusammen in die Nähe der Lehre des Proklos vom Gebet. Heißt es doch im Anschluss an das soeben Zitierte:

Dies mein Gebet. Du aber, lieber Timotheus, lass nicht ab, Dich den geheimnisvollen Betrachtungen hinzugeben. Den Sinneswahrnehmungen gib (auf diese Weise) ebenso den Abschied[47] wie den Regungen Deines Verstandes; was die Sinne empfinden, dem (entsage) ebenso wie dem, was das Denken erfasst, dem Nichtseienden ebenso wie dem Seienden.[48] Stattdessen spanne Dich auf

[44] Vgl. dazu die vorzügliche Monographie von S. Vollenweider, Neuplatonische und christliche Theologie bei Synesios von Kyrene, Göttingen 1985 (FKDG 35).

[45] Vgl. die Ausgabe der drei Hymnen, zusammen mit den anderen antiarianischen Schriften des Marius Victorinus, durch P. Henry/P. Hadot, *Marii Victorini Opera,* I. *Opera theologica* (CSEL 83/1), Wien 1971.

[46] Rist (1992), 139.

[47] Vgl. den Schluss des Zitats (πάντα ἀφελὼν καὶ ἐκ πάντων ἀπολυθείς [142, 10f.]) vor allem mit dem Schlussappell des Plotin-Traktates „Über die wissenden Hypostasen und das, was jenseits ist" (Plotin. *enn.* 5, 3, 17, 38), der lautet: ἄφελε πάντα (laß alles hinter dir).

[48] Vgl. dazu den Kommentar von Beierwaltes (1985), 150: Die „unmittelbare, reflexionslose Vorwegnahme" der Ekstase „ist für Di-

nicht-erkenntnismäßigem Wege, soweit es irgend möglich ist, zur Einung mit dem empor, der alles Sein und Erkennen übersteigt. Denn nur wenn Du Dich bedingungslos und uneingeschränkt Deiner selbst wie aller Dinge entäußerst, wirst Du in Reinheit zum überseienden Strahl des göttlichen Dunkels emporgetragen, alles loslassend und von allem losgelöst (Ἐμοὶ μὲν οὖν ταῦτα ηὔχθω· σὺ δέ, ὦ Τιμόθεε, τῇ περὶ τὰ μυστικὰ θεάματα συντόνῳ διατριβῇ καὶ τὰς αἰσθήσεις ἀπόλειπε καὶ τὰς νοερὰς ἐνεργείας καὶ πάντα αἰσθητὰ καὶ νοητὰ καὶ πάντα οὐκ ὄντα καὶ ὄντα καὶ πρὸς τὴν ἕνωσιν, ὡς ἐφικτόν, ἀγνώστως ἀνατάθητι τοῦ ὑπὲρ πᾶσαν οὐσίαν καὶ γνῶσιν· τῇ γὰρ ἑαυτοῦ καὶ πάντων ἀσχέτῳ καὶ ἀπολύτῳ καθαρῶς ἐκστάσει πρὸς τὸν ὑπερούσιον τοῦ θείου σκότους ἀκτῖνα, πάντα ἀφελὼν καὶ ἐκ πάντων ἀπολυθείς, ἀναχθήσῃ [MTh 1, 1 (142,5–11 Ritter)]).

Folgt (MTh 1,2) eine Einschärfung der ‚Arkandisziplin' (*disciplina arcani*), d. h. der Pflicht, den ‚Uneingeweihten', Unvorbeiteten gegenüber Schweigen zu bewahren. – Wir fragen, mit Rist[49]: Was mag es DA erlaubt haben zu glauben, er erliege weder einer Selbsttäuschung, noch führe er andere hinters Licht, wenn er eine Synthese zwischen christlicher und neuplatonischer Gebetsauffassung für möglich halte?

Die Plausibilität einer christlich-neuplatonischen Synthese in zeitgenössischer Perspektive am Beispiel des Gebets

Es hatte ganz offensichtlich, auch darin ist Rist einfach recht zu geben, vom Beginn des 3. Jahrhunderts an einige

---

onysius ebenso wenig sinnvoll … wie für neuplatonisches Denken, welches den Nicht-Nus oder das vorreflexive Eine in uns gerade durch Reflexion ‚erweckt' und es im Prozeß des Bewußtmachens des zunächst Unbewußten für den Selbstüberstieg aktiviert".

[49] Rist (1992), 139; vgl. oben S. 134 mit Anm. 33.

markante Veränderungen im politisch-gesellschaftlichen wie auch im geistigen Klima der Mittelmeerwelt gegeben, welche nicht allein die von ihm diagnostizierte „Krisis" im Umfeld der nachplotinisch-neuplatonischen Ethik heraufbeschworen, sondern auch ganz allgemein „der Sicherheit, sich in einem vernünftig geordneten Kosmos versorgt und aufgehoben zu wissen",[50] einen Stoß versetzten. Infolgedessen sehen wir jetzt zunehmend auch philosophisch Gebildete sich der *kultischen* Praxis und dem *offenbarten* Wissen öffnen und unter anderem über Fragen nach dem Sinn des Gebetes in früher kaum gekannter Intensität diskutieren.[51] Die wichtigsten Impulse gingen dabei von Porphyrios und Jamblich aus, und als der große Systematisierer bewährte sich auch auf diesem Felde Proklos.

Hatte Plotin noch, gut platonisch, als eigentliches Gebet das Sichausstrecken der Seele nach Gott hin – alles andere wäre nur ein „Schall von Worten" (λόγος γεγωνός) – bezeichnet und dem Gebet eine eher vorbereitende Funktion im Dienste der Erkenntnis als der wahren Bestimmung des Menschenlebens zugeschrieben,[52] so entspringt bei Porphyrios, Jamblich und Proklos, obwohl sie Plotins Ontologie voraussetzen, die Reflexion über das Gebet „notwendig dem religiösen Grundzug des Philosophierens".[53] Mit anderen Worten wird bei ihnen das Gebet „als eine im engeren

---

[50] So A. Dihle in seinem magistralen Beitrag zur Festschrift für A. Schindler (Dihle [1999]), 40.

[51] Vgl. dazu Des Places (1960) 253–272, hier: 268ff.; Beierwaltes (1965), 313–329. 391–394; Esser (1967); Zintzen (1965 [1977]), 71–100 (391–426); Erler (1986), 182–187.

[52] Plotin. *enn.* 5, 1, 6.

[53] Beierwaltes (1965), 391.

Sinne religiöse Handlung" verstanden, „die neben dem intellektuellen Bemühen eigene Bedeutung beansprucht".[54]

Das alles musste nicht, konnte aber DA als umso sympathischer erscheinen und ihn glauben machen, Gebet und Gottesverehrung im christlichen und im neuplatonischen Verstande seien einander nahe verwandt, als in die Gebetsauffassung des Proklos wie schon Jamblichs die *Theurgie* fest integriert war.[55] Für beide beginnt zwar – wie für Plotin – das Gebet, als Aufstieg zu Gott, mit der Reinigung von allem Irdischen. Der Weiterweg aber führt über das, was bei ihnen σύμβολα („Bilder"), συνθήματα („Erkennungszeichen") und ἄρρητα ὀνόματα („unaussprechliche Namen") heißt, hinauf zu den Göttern. Es sind das entsprechend der Lehre der „Chaldäischen Orakel"[56] – „Zeichen" oder „Benennungen" („Anrufungen" [ἐπικλήσεις]), welche der väterliche Geist in den Kosmos bzw. in die Seelen streute, damit sie diese an ihren Ursprung erinnerten.

Für Christen, so scheint DA überzeugt gewesen zu sein, gewinnen diese „Zeichen" noch an Eindeutigkeit, weil sie nicht nur in den göttlichen „Selbstmitteilungen" in Schöpfung und Weltgesetzen ihre Wurzeln haben, sondern auch in den WORTEN (λόγια) von Gottes Offenbarung, nicht zuletzt in seinem, Menschen Maß übersteigenden, Eingreifen in Gestalt des „als Gott Mensch Gewordenen".[57] Überdies,

---

[54] DIHLE (1999), 37f.

[55] Zu den Nachweisen s. die oben (Anm. 52) angegebene Literatur, bes. ZINTZEN (1977), 417–426.

[56] Vgl. dazu F. W. CREMER, Die Chaldälschen Orakel und Jamblich, de mysteriis, Meisenheim a. G. 1969 (BKP 26); ESSER (1967), 80–89. 102–108.

[57] DA, Ep 4 (161, 9f. Ritter): „als Gott menschgeworden, wandelte er unter uns, und war sein Wirken irgendwie neuartig (außergewöhnlich), (eben) gottmenschlich (theandrisch)" (ἀλλ᾽ ἀνδρωθέντος θεοῦ, καινὴν τινα τὴν θεανδρικὴν ἐνέργειαν ἡμῖν πεπολιτευμένος).

und das wäre der zweite markante Unterschied, werden diese „Zeichen" wiedererkannt und für den Aufstieg zu Gott in Anspruch genommen nicht allein von einzelnen oder kleinen Gruppen bzw. „Familien"[58] von Wissenden. Vielmehr geschieht die Erkenntnis Gottes und die „Rückkehr" zu ihm in den Strukturen der, weltumspannenden, „Kirche", womit ein Heilsweg – als Möglichkeit und Angebot – für alle gewiesen ist.[59]

Das schließt, ohne Frage, eine „Verchristlichung" des (Neu-)Platonismus ein; eine strukturelle Verwandtschaft von DA und Proklos (vor allem) bleibt davon jedoch unberührt, wie man an ihrer Auffassung vom Gebet ablesen kann.[60] Ihre Gebets*praxis*[61] geht gewiss getrennte Wege, aber ihre Gebets*theorie* ist weithin analog. Denn beide räumen beispielsweise dem Bittgebet, auch der Fürbitte, einen legitimen Platz ein, knüpfen das allerdings an die Bedingung, dass das Beten dem „Geist der (göttlichen) Gesetze" treu bleibe: nur dem Gebet des „Würdigen" um das „Würdi-

---

[58] Vgl. Porphyr. *abst.* 4, 17; Marin. *v. Procl.* 28.

[59] Vgl. Rist (1992), 140–145.

[60] Im übrigen besitzt für DA das Gebetsthema keinen höheren Stellenwert als für Proklos; eher ist das Gegenteil der Fall, wenngleich auch bei Proklos, ähnlich wie bei Porphyrios, dieses Thema nicht im *Zentrum* seines Denkens gestanden zu haben scheint; in der Zusammenfassung neuplatonischer Doktrin, seinen *Elementa Theologica,* kommt es folglich nicht zur Sprache (vgl. Dihle [1999], 38). Auch gibt es im CD nichts, das dem Gebetstraktat in dem umfangreichen Timaeus-Kommentar des Proklos quantitativ und qualitativ vergleichbar wäre (vgl. Proklos, *in Ti.* I,207–217, einen Text, dem M. Meunier, Aristote, Cléanthe, Proclus. Hymnes philosophiques, Paris 1935, 49 [zit. bei Des Places (1960), 271, Anm. 64)], nachgerühmt hat, er genüge, um ihn [Proklos] „unsterblich zu machen").

[61] Vgl. dazu am ehesten Erler (1986), passim; Esser (1967), 76–108, bes. 100ff.

ge" sei die Erhörung gewiß.[62] Endlich vollzieht sich für beide das Gebet als Aufstieg zu Gott in *Stufen*; und zwar sind es für den Systematisierer und Zergliederer Proklos nicht weniger als fünf, nämlich: „Erkenntnis" (γνῶσις [sc. der göttlichen Ordnungen]), „Aneignung" (οἰκείωσις = Anähnlichung unserer selbst an das Göttliche durch sittliche Untadeligkeit), „Berührung" (συναφή) der göttlichen Wesenheit mittels unseres obersten Seelenteils (des νοερόν) aufgrund der gewonnenen Reinheit, engste „Annäherung" (ἐμπέλασις) und endlich „Vereinigung" (ἕνωσις). Doch lassen sich, wie man längst gesehen hat, diese fünf mühelos auf die drei Gebetsstufen Jamblichs zurückführen, wie sie auch des DA Gebetslehre deutlich genug widerscheinen lässt: (sammelnde) Erkenntnis – Berührung – Einung.[63]

Auch für DA führt an der ὁμοίωσις θεῷ κατὰ τὸ δυνατόν („Wesensangleichung an Gott, soweit das [Menschen] möglich ist")[64] kein *Gebet* vorbei; vielmehr ist dieses der vornehmste, gottgefälligste Weg solcher ὁμοίωσις.

---

[62] Vgl. dazu nochmals das Porphyriosreferat im Timaeuskommentar (Proklos, *in Ti.* I,207f.) sowie Marinos, *v. Procl.* 17; DA, EH 7, 3, 6 (126, 8–127,13 Heil: die „Gebete der Gerechten" werden „allein für die wirksam, die geheiligter Gebete würdig sind" [εἰς τοὺς ἀξίους ἱερῶν εὐχῶν ἐνεργοῦσι μόνον …]); vgl. auch CH 7, 2 (28, 18 Heil); EH 7, 3, 3 (124, 4); 7 (128, 9: Ein „unreines" Gebet verfehlt sein Ziel!).

[63] Vgl. Des Places (1960), 272, Anm. 69, und dazu Jamblich, *myst.* 5, 26; DA, DN 3, 1 (138, 1–139, 16 Suchla); MTh 1, 1 (142, 5–11 Ritter).

[64] Vgl. Platon, *Tht.* 176b, und dazu DA, DN 8,7 (204,5ff. Suchla); 9,6 (211,18f.); CH 3,2 (17,10f. Heil); Ep 8,1 (172,4–7 Ritter).

Christologische Defizite im CD?

Rist konstatiert bei DA, so sahen wir, – wie schon andere vor ihm – beträchtliche Defizite an christlicher Substanz. Er verortet sie vor allem auf dem Gebiet der Christologie, nämlich in der mangelnden Wahrung der „wirklichen Menschheit" Christi im Sinne des Dogmas von Chalkedon, aber auch der Gnadentheologie, worin ein beträchtlicher Abstand zu Paulus und zu Augustin zu konstatieren sei.[65] Lassen wir das Problem der – typisch „östlichen", nicht-augustinischen, aber auch nicht unbedingt *anti*-augustinischen – Gnadentheologie des DA hier außer Acht[66] und konzentrieren uns auf die Christologie. Das Defizit, am Maßstab der in „Chalkedon" (451) dogmatisierten „Zwei-Naturen"-Lehre gemessen, ist nicht so eindeutig, wie manche (wohl auch Rist) meinen; und es ist kein Zufall oder beruht schwerlich lediglich auf einem Irrtum oder Missverständnis, wenn sich bald nach Auftauchen des „areopagitischen" Schriften*corpus* sowohl Chalkedonenser wie Antichalkedonenser darauf berufen konnten.[67] Kein Zweifel aber kann wohl daran bestehen, dass „genuin Christliches,

---

[65] Rist (1992), 139f. 147 u.ö.

[66] Es ist wohl zutreffend, der östlich-orthodoxen Theologie einen *a*-meritorischen Synergismus zuzuschreiben, so dass längst Verständigungsmöglichkeiten erkundet worden sind z.B. zwischen orthodoxer und lutherischer Theologie (s. etwa die Synthesen von R. Saarinen, Faith and Holiness. Lutheran-Orthodox Dialogue 1959–1994, Göttingen 1997; A. Briskina-Müller/ J. Schneider [Hgg.], Orthodoxie und Reformation – Mehr als ein 50-jähriger Dialog, Berlin 2011).

[67] S. dazu außer Th. Hainthaler, Bemerkungen zur Christologie des Ps.-Dionys und ihrer Nachwirkung im 6. Jahrhundert, in: de Andia (Hg. [1997]), 269–292, die Beiträge zur DA-Rezeption durch den Antichalkedonenser Severos von Antiochien (§ 174), verf. v. H. Hugonnard-Roche, und durch den Chalkedonenser Johannes von Sky-

wie nicht nur wir dies gegenwärtig bestimmen, sondern wie es auch die frühen Theologen sehen konnten und gesehen haben, Dionysius nicht mit der erwartbaren oder zumindest wünscharen Intensität diskutiert“ hat; und christozentrisch kann man seine Theologie „wahrhaftig nicht nennen“. So urteilt nicht etwa ein protestantischer Kritikaster, dem man – in den Spuren A. von Harnacks – sowieso nichts anderes zutraut,[68] sondern ein hochverdienter katholischer Philosoph und erklärter Liebhaber des Neuplatonismus wie des DA, nämlich W. Beierwaltes.[69] Derselbe findet es freilich „beachtlich“, wie innerhalb der gegenwärtigen evangelischen Theologie E. Jüngel in seinem Buch „Gott als Geheimnis der Welt“[70] auf den Areopagiten Bezug nehme.[71] Er widerlege, oder bestätige zumindest nicht *Luthers* Behauptung in *De capt.babyl.* (WA 6,562), dass bei dem eher als Platoniker denn als Christ denkenden DA Christus so wenig kennen zu lernen sei, dass man ihn wieder vergesse, sofern man ihn bereits kenne.[72] Die Sache ist also doch wohl noch nicht ausgemacht, sondern bedarf neuen, gründlichen Überlegens. Dabei wird man die nicht nur und erst von

---

thopolis (§ 176), verf. von A. M. Ritter, im „Neuen Ueberweg“ (Riedweg/ Horn/ Wyrwa [2017]).

[68] Zu diesem sorgsam gepflegten Vorurteil s. noch aus jüngerer Zeit etwa J. Konstantinovsky (Oxford), Dionysius the Areopagite versus Aristotle? The Two Points of Reference for Gregory Palamas in Initial Confrontations with Barlaam the Calabrian, StPatr 42 (2006), 313–319, bes. 313, und S. Coakley (Cambridge) im Vorwort zu Coakley/ Stang (2009); vgl. oben S. 77 f.

[69] In seinem Buch „Platonismus im Christentum“ (Beierwaltes [2014]), 77 m. Anm. 101.

[70] Jüngel (2001).

[71] S. das Namensregister des genannten Werkes (Jüngel [2001]), *sub nomine.*

[72] Beierwaltes (2014), 23, Anm. 17.

Luther angemahnten Defizite[73] gewiss nicht auf die leichte Schulter nehmen können, sich aber auf der anderen Seite auch nicht davon abhalten lassen dürfen, sorgfältig zwischen möglichen und notwendigen Konsequenzen zu unterscheiden, eine Unterscheidung, die man nicht zuletzt in der theologischen Lutherforschung (zur Zeit ihrer Hochblüte) oftmals schmerzlich vermisste.

Fazit

Dieses Schlusskapitel ist überschrieben mit: „Neuplatonismus und Christentum *am Beispiel* des Verständnisses von Gebet und Gottesverehrung bei Proklos und Dionysios Ps.-Areopagites". Fragen wir also, welches Fazit aus dem in diesem *Tria Corda*-Band Vorgetragenen und Bedachten insgesamt zu ziehen und wie es zu beurteilen sei.

Um bei dem zu beginnen, was uns zuletzt beschäftigte, so könnte der eine oder die andere finden, vom Reichtum der Gebetsanschauung der jüdisch-christlichen Überlieferung habe nur ein vergleichsweise geringer Teil in die ‚areopagitische' Synthese Eingang gefunden. Wer diesen Eindruck gewonnen hat, wird sich dann aber fragen lassen müssen, wie damit umgehen sei. Mir lag daran, davon zu überzeugen, dass es schwerlich angemessen wäre, ausschließlich oder auch nur in erster Linie Kritikwürdiges zu benennen, Defizite bei DA aufzulisten. Vielmehr gelte es, zunächst einmal dessen bedeutende geschichtliche Leistung anzuerkennen. Durch seine „Verchristlichung", weniger eine eigentlich so zu nennende „Transformation" platonischen Denkens nämlich hat er dessen Weiterwirken

[73] Gegen Golitzin (2002 [2007]), 163 (83).

innerhalb des Christentums mit verurascht und gerade auch mit seinen Brüchen und Widerständigkeiten die christliche Philosophie und Theologie lange Zeit in Bewegung gehalten, nicht zuletzt dadurch, dass er für fast ein Jahrtausend abendländischer Philosophie- und Theologiegeschichte eine quasi-apostolische Autorität in die Waagschale zu werfen hatte oder doch zu haben schien.

Doch nicht nur ein historisches Verdienst dürfte DA für sich in Anspruch nehmen können. Seine – eher spärlichen, dafür aber aufschlussreichen – Aussagen über Gebet und Gottesverehrung beispielsweise können vielmehr als Anstoß dazu dienen, dem Gebet seine eigene Rationalität zu belassen. Und das heißt *auch,* zu erkennen, dass Gebet viel eher ein Hören als ein Reden ist (S. Kierkegaard) und dass dessen Erhörung nicht ohne die Betenden und an ihnen vorbei geschieht; sonst wär's Magie, Zauber. Oder Meister Eckharts weises Wort könnte als Denkanstoß in dieselbe Richtung dienen: „Haete der mensche niht me zu tuonne mit gote, dan daz er danbbaere ist, ez waere genuog".[74] Freier übersetzt heißt das: „Wäre das Wort ‚Danke' das einzige Gebet, das du je sprichst, so würde es genügen"!

Zum andern habe ich, wie ich schon bei verschiedenen Gelegenheiten freimütig bekannte, den Einfluss der von DA, auch in seiner Gebetsauffassung, kräftig rezipierten „negativen Theologie" der Griechen auf das Christentum wie auf jede Offenbarungsreligion im Laufe meines Lebens immer positiver einzuschätzen gelernt. „Es könnte in der Tat so sein, dass ‚die Revolten' nicht nur gegen die traditionelle Metaphysik, sondern gegen jegliche Form eines theistischen Glaubens, wie sie im geistigen Leben unserer Zeit eine so bemerkenswerte Rolle gespielt haben, im gewissen

[74] Deutsche Predigten 34 (DW II 169,1–2).

Umfang jedenfalls der Missachtung und schließlich dem praktischen Verschwinden der negativen Theologie zuzuschreiben“ sind. „‚Sind sie‘, könnte man fragen, ‚teilweise zumindest Reaktionen auf Ansprüche, welche zu viel von Gott zu wissen behaupten‘?“[75]

Ob Dionysens apologetisches Unterfangen, der Versuch einer Synthese von Platonismus und Christentum, ontologischer Seinsdeutung und „Heilsgeschichte“, kosmischer Emanations- und Retroversionslehre und jüdisch-christlichem Gottesbegriff in *jeder* Hinsicht als gelungen und stimmig zu bezeichnen ist, darüber gehen die Meinungen der Forscher nach wie vor auseinander.[76] Und daran wird sich auch, aller Voraussicht nach, *fürs erste* nichts ändern. Unstrittig ist hingegen, dass er sich weiter als irgendein anderer christlich-antiker Autor auf den Neuplatonismus einließ, auch mehr als irgend jemand sonst zum Abbau von „Berührungsängsten“ seitens der christlichen Theologie, nicht nur des Abendlandes, beigetragen hat, eben weil er jahrhundertelang als Zeitgenosse der Apostel und Schüler des Paulus galt. Es ist sehr wohl möglich, dass er, so ein schöner Gedanke H. Urs von Balthasars, indem er von Pro-

---

[75] Ritter (1999), 178, mit einem Zitat von Armstrong (1983), 31. Zu den grundsätzlichen Fragen s. auch meinen Beitrag zur Festschrift für Herwig Görgemanns (Ritter [1998]).

[76] Unter den skeptischen Stimmen in neuerer Zeit sind etwa die von B. Brons (Brons [1976]), J.-M. Rist (Rist [1992]), C. Steel (Steel [1997]), K.P. Wesche (Wesche [1989] und R. Williams (Williams [1990]) zu nennen. Dagegen sehen den Versuch des Dionys als im wesentlichen gelungen an so ausgewiesene Neuplatonismusexperten wie W. Beierwaltes (Beierwaltes [1985], 154; [1998], passim), J. Halfwassen (Halfwassen [2004], 167–170. 172 ff.); vgl. auch T. Kobusch (Kobusch [1995]), E.-D. Perl (Perl [2001], 540; [2077], passim) und T. Alexopoulos (Alexopoulos [2009]); differenzierter fällt das Urteil von B.R. Suchla aus (Suchla [2002], 204–218).

klos und anderen borgte, keineswegs nur in der Lehre vom Bösen, nicht zu borgen meinte, sondern lediglich Geborgtes dem Gott der Bibel als dem wahren Eigentümer zurückzuerstatten gedachte.[77] Es mag auch sein, dass sein Versuch einer Synthese von Platonismus und Christentum dann in einem etwas anderen Licht erscheint, wenn man bedenkt, dass dieser zu einer Zeit unternommen wurde, die für den Platonismus nicht ungefährlich zu werden drohte, zumal, wenn sich seine Vertreter – so, wie die letzten Athener Schulhäupter, namentlich Damaskios – offen der „heidnischen Reaktion"[78] gegen die sog. „konstantinische Wende" innerhalb der römischen Religionspolitik verschrieben. Gab es doch jetzt ein „Gesetz" (νόμος), welches von ‚allerhöchster' Seite dem Festhalten am „Irrtum der Hellenen" die Todesstrafe androhte![79] Ausgerechnet zur Zeit, als mit Justinian der intoleranteste aller spätantiken Herrscher das Heft in der Hand hielt, schon bevor er selbst den Kaiserthron bestieg (527), hätte danach Dionys zumindest einen gewissen Wahrheitsanspruch der neuplatonischen „negativen Theologie" anzuerkennen, ja von einem Aufeinanderzugehen von Neuplatonismus und Christentum zu erwarten gewagt, dass damit ein Abfall des christlichen Glaubens zum Götzendienst verhindert und einer Verendlichung Gottes gewehrt werde; so jedenfalls ist es, fast ein Jahrtausend später, seinem ‚Schüler' Nikolaus von Kues (seit 1438, dem Achsenjahr seiner Dionysrezeption), aufgeblitzt.[80]

---

[77] v. Balthasar (1962), 211f. (unter Berufung auf Ep.7, 2; 166f. Ritter).

[78] Vgl. de Labriolle (1950).

[79] *Cod.Iust.* I 11, 10 (Krüger [11]1954).

[80] S. bes. dessen *De docta ignorantia*, Buch I, Kap. 16–19, und den Brief an die Mönchsgemeinschaft vom Tegernsee, hg. v. Vansteenberghe 1915; dazu K. Flasch, Nikolaus von Kues. Geschichte einer

Was sich aus einem solch ‚angstfreien' Umgang zu entwickeln vermochte, lässt sich, wie wir sahen,[81] in Fernwirkungen bis in unsre Gegenwart hinein verfolgen.

Entwicklung, Frankfurt/M. (1998) SA 2001, 97–120. 383–443, bes. 383–89, sowie W. J. Hoye, Die Vereinigung mit dem gänzlich Unerkannten nach Bonaventura, Nikolaus von Kues und Thomas von Aquin, in: Boiadjiev u. a. (Hgg. [2000]), 481–84. 489–497.

[81] S. oben, Kap. 2, S. 60–67.

Anhang

Die Absicht des *Corpus Areopagiticum* und das Problem der „Sonnenfinsternis während der Kreuzigung des Erlösers"

Man kann sowohl das *Corpus Areopagiticum* (CA) als auch seine Wirkungsgeschichte am besten verstehen, wenn man hinter allem ein primär *apologetisches* Motiv am Werke sieht: den Versuch einer Synthese von Platonismus und Christentum. Allein die Wahl des Pseudonyms „Dionys vom Areopag" und die damit gegebene Assoziation mit der hoch apologetischen Areopagrede des Apostels Paulus dürfte bei unserem Autor bereits eindeutig auf eine apologetische Absicht schließen lassen.[1] Fasst man zudem den Inhalt seines uns überlieferten Schrifttums und dazu noch die Titel derjenigen Schriften ins Auge, die der Autor abgefasst haben will oder noch hat abfassen wollen,[2] so unterliegt es für mich keinem Zweifel, dass er einen wirklich *umfassenden Erklärungsanspruch* erhebt. Und wie er selbst vom Christentum das Bild einer konsequent „griechisch-philosophisch" interpretierbaren Religion gewonnen zu haben scheint, so will er es auch anderen Christen vermitteln, besonders solchen, die sich verunsichert fühlten, weil führende Vertreter des zeitgenössischen Platonis-

---

[1] Vgl. dazu zuletzt Stang (2012) mit meiner Rezension (wie oben S. 78, Anm. 29).

[2] Vgl. oben, S. 8, Anm. 22.

mus – wie die letzten Athener Schulhäupter, namentlich Damaskios – mit ihrer antichristlichen Einstellung nicht hinter dem Berge hielten.[3]

Bemerkenswerterweise ist dieser sein Versuch unternommen worden zu einer Zeit, die für den Platonismus gefährlich zu werden drohte, zumal, wenn sich maßgebliche seiner Vertreter weiterhin der „heidnischen Reaktion“[4] gegen die sog. „konstantinische Wende“ in der römischen Religionspolitik verschrieben.[5] Woher der Wind nun wehte, belegt folgender Auszug aus dem *Codex Iustinianus*:

Durch vorliegendes Gesetz teilen wir im übrigen allen mit, dass in Zukunft jene, die Christen und der heiligen und heilbringenden Taufe irgendwann gewürdigt worden sind, schlimmsten Strafen unterliegen, falls sie offenkundig weiterhin am Irrtum der Hellenen festhalten (τοῦ λοιποῦ διὰ τοῦ παρόντος νόμου προαγορεύομεν ἅπασιν, ὡς οἱ μὲν γενόμενοι Χριστιανοὶ καὶ τοῦ ἁγίου καὶ σωτηριώδους ἀξιούμενοι καθ' οἱονδήποτε χρόνον βαπτίσματος, εἰ φανεῖεν ἔτι τῇ

[3] Vgl. dazu noch immer R. Asmus, Zur Rekonstruktion von Damascius' Leben des Isidorus, ByZ 18 (1909) 421–480 hier: 427, sowie neuerdings etwa Watts (2006), 111–142, bes. 138ff.

[4] Vgl. de Labriolle (1950), *passim*, sowie zu dem situationellen Zusammenhang der dionysianischen Irenik und Apologetik vor allem Suchla (1995).

[5] Dass sich das entschiedene Antichristentum des Proklos auch biographisch begreifen und begründen lässt, hat jüngst E. Watts in seinem Beitrag zu Butorac/ Layne (2017), 137–143, an der Karriere des Vaters aufzeigen können („The Lycians are coming: The career of Patricius, the Father of Proclus“). – Als eine der wenigen Stellen, an denen Proklos die Christen ausdrücklich kritisiert, ohne sie freilich beim Namen zu nennen, wird man mit I. Tanaseanu-Döbler, Liebe, Licht und Theologie. Zur Erkenntnis des höchsten Gottes beim Neuplatoniker Proklos, in: R. Feldmeier/M. Winet (Hgg.), Gottesgedanken. Erkenntnis, Eschatologie und Ethik in Religionen der Spätantike und des frühen Mittelalters, Tübingen 2016, 40f., Proklos, *in Alcib.*, 264f. ansehen können.

τῶν Ἑλλήνων ἐμμένοντες πλάνῃ, τιμωρίαις ἐσχάταις ὑποβληθήσονται [*Cod.Iust.* 1, 11, 10 Krüger]).

Indem also, von „allerhöchster“ Seite, dem Festhalten am Irrtum der „Hellenen“ die Todesstrafe angedroht wurde, musste auch das Unternehmen des Pseudo-Areopagiten (DA) selbst, welcher sich ohne Zweifel weiter als irgend ein anderer christlicher Theologe seiner Zeit auf den Neuplatonismus eingelassen hatte, als gefährdet gelten.

Gepaart ist die Apologetik unseres Autors gleichwohl mit einer ausgeprägten *Irenik*, wie vor allem die Briefe 6 und 7 belegen.[6] Und es drängt sich auf, auch dieses Anliegen, das des respektvollen Umgangs mit anderen Religionen oder Weltanschauungen, mit der Tatsache in Verbindung zu bringen, dass unter Justinian I. (527–565), dem intolerantesten unter allen spätantiken Kaisern, die ‚Heiden‘-Verfolgung seitens des ‚christlich‘ gewordenen Römischen Reiches ihren Höhepunkt erreichte.[7] Die Schließung der traditionsreichen, im 5. Jahrhundert wiederbelebten (neu)platonischen Akademie in Athen (529)[8]

---

[6] Der respektvolle Umgang mit anderen Religionen und Weltanschauungen ist, wie wir sahen, das Thema besonders der Briefe 6 und 7 (164, 1–170, 8 Ritter).

[7] Vgl. dazu etwa den Artikel „Heidenverfolgung“ von K.L. Noethlichs, RAC 13 (1986), 1149–1190 (Lit.).

[8] Vgl. Joh. Malalas, *chron.* 18, 47 (379, 67–72 Thurn) und dazu W. Speyer, Büchervernichtung und Zensur des Geistes, 1981 (Register *s.v.* Athen, Akademie); A. Cameron, The last days of the academy at Athens, Proceedings of the Cambridge Philological Society 195 (1969), 7–29; I. Hadot, Le problème du néoplatonisme alexandrin, Paris 1978, 17–143; R. Thiel, Simplikios und das Ende der neuplatonischen Schule in Athen, Mainz-Stuttgart 1999; Vinzent (2000); Watts (2006), Kap. 5. Mag die Schließung der Akademie auch nicht auf eine kaiserliche Intervention zurückgegangen, sondern diese nur eine Reaktion auf einen Vorstoß seitens des christlichen Establishments in

war nur eine unter vielen Maßnahmen, die Justinian ergriff; sehr wahrscheinlich aber war es diejenige mit der größten Symbolkraft, bis in unsere Gegenwart hinein. Erst in dieser Perspektive bekommt wahrscheinlich die Irenik des DA ihr volles Profil und Gewicht!

Wer waren die Leser, die Dionys in erster Linie im Auge hatte? Waren es, wie früher meist angenommen, ‚Heiden', die der Autor zu widerlegen oder von der Wahrheit der christlichen Lehre zu überzeugen trachtete? Waren es nicht vielmehr Christen, die er in die Lage zu versetzen suchte, sich der rationalen Basis und Struktur christlicher Lehre zu vergewissern?[9] Diese Frage nach der gedachten Leserschaft dürfte in der Tat zentral sein für das Verständnis des CA und seiner Intention,[10] führt jedoch m. E. nicht notwendig zur Monopolisierung eines ganz bestimmten Forschungs- und Deutungsansatzes.[11] Auch lässt sie, nach neuesten Erkenntnissen, keine eindeutige Antwort, keine Entscheidung im Sinne eines Entweder – Oder, zu.

Ich beziehe mich hierfür nicht zuletzt auf den gerade erschienenen 65. Band der „Millennium Studies" über „Proclus und sein Erbe", mit Vorträgen von der Jubiläumsveranstaltung in Istanbul 2012 aus Anlass der 1600. Wiederkehr des Geburtstages des „Lykiers" oder „Diadochen" (Proklos) und einigen ergänzenden, auf ihn bezogenen Studien.[12] Darin sind allein neun Beiträge dem Verhältnis Proklos – Dionys gewidmet. Mehrere beschäftigen sich – erneut

Athen und Umgebung gewesen sein, entscheidend für deren Ruin waren jedenfalls die von Justinian I. ergriffenen gesetzgeberischen Maßnahmen aus dem Jahr 531 (*Cod. Iust.* 1, 11, 9 und 10).

[9] Für letzteres plädiert C. Schäfer 2006, 168 f.

[10] Ebenda, 169.

[11] Anders C. Schäfer, ebenda.

[12] Butorac/Layne (2017).

– mit der rätselhaften Gestalt des „Hierotheos“, zwei von ihnen kündigen das bereits in ihren Titeln an.[13] Sie ist schon deshalb rätselhaft, weil uns ein Träger dieses Namens bis zur Zeit des Dionys nicht bekannt ist, so dass die Annahme naheliegt, auch diese Prägung gehe auf ihn zurück, während sich alle späteren Bezeugungen DA und der Lektüre seiner Schriften verdanken dürften.[14] Aber für wen oder was steht dieser Name? Man hat gefunden, dass das Verhältnis zwischen „Hierotheos“ und Dionys eine frappante Ähnlichkeit mit dem zwischen Syrianos, dem wohlbekannten Neuplatoniker[15] und Mentor des Proklos, und diesem selbst aufweise. Doch damit nicht genug. Vielmehr kann sich Dionys zum Ausdruck seiner Hochschätzung gegenüber „Hierotheos“ nicht selten derselben Begrifflichkeit bedienen wie Proklos, wenn er von Syrian spricht, so als habe er es geradezu darauf angelegt, dass jeder mit Proklos vertraute Leser die Anspielung verstehe!

Welche Schlüsse sind daraus zu ziehen? Gibt diese Entdeckung etwa der alten Hypothese neue Nahrung, dass von einem „krypto-paganen Ursprung“ des CA auszugehen ist?[16] War es die Absicht seiner Abfassung, das unter Bedingungen wie der Justinianschen Religionspolitik gefährdete

---

[13] Lanika (2017); Schomakers (2017). Vorangegangen war ihnen vor allem Marsh (1927), 233–246.

[14] So mit Recht bereits Marsh (1927), 245 f.

[15] Vgl. zu ihm den Beitrag von A. Longo im „Neuen Ueberweg“ (Riedweg/Horn/Wyrwa [2018]), § 149.

[16] Sie ist mindestens so alt wie die „Entdeckungen“ von Koch und Stiglmayr in den Jahren 1895 bis 1900 (s. Koch [1895a.b; 1900a.b] Stiglmayr [1895a.b.]); vgl. im übrigen meine Bibliographie in Ritter (1994), 184. 187. Einige Zeit später machte sich diese Hypothese auch Marsh (1927) zueigen, gab dafür aber keine eigene Begründung, sondern verwies einfach auf „the works of Dr. Koch, from which the present account of Dionysius has been taken“ (235).

literarische Erbe des Proklos „durch eine pseudonyme Sammlung zu schützen, welche den Werken des Proklos eine erschwindelte christliche Vorgeschichte (*a faked Christian prehistory*) gewährleistete"?[17]

Ich meine, dass man zu einem solchen Ergebnis nur gelangen kann, wenn man sich die Mühen eines Gesamtverständnisses des dionysianischen Schriften*corpus* meint ersparen zu können.[18] Doch wie sich erweist, genügt es bereits, behutsam und alle Deutungsmöglichkeiten erwägend, die Stellen im CA, 15 an der Zahl, an denen „Hierotheos" genannt wird oder mit Wendungen wie „unser berühmter Spender heiliger Weihen (ἱεροτελεστής)" beziehungsweise „unser (berühmter, heiliger) Führer (καθηγεμών)" gemeint sein dürfte, zu analysieren. Und man sieht, dass es an keiner Stelle erforderlich ist, in Proklos als Modell des „Hierotheos" etwas anderes zu sehen, als er nach allem, was wir wissen können, war: ein entschlossener Gegner und Kritiker des Christentums, dem doch der Christ „Dionys vom Areopag" Entscheidendes zur

[17] So LANKILA (2017), 175, der auch am Ende seines Beitrages konkretisiert, an wen unter den bekannten Neuplatonikern als Kandidaten für die Verfasserschaft zu denken sei, und nennt außer dem jüngsten bekannten Schüler des Proklos, Agapios (177. 182), die Philosophin, Dichterin und Grammatikprofessorin Theodora (182).

[18] LANKILA (ebenda, 175–178, bes. 178) kritisiert mit Recht Versuche, die Abfassung des CA etwa mit der Verteidigung einer bestimmten christologischen Position im Streit um „Chalkedon" intentional in Verbindung zu bringen und entsprechend Kandidaten für die Verfasserschaft (u.a. Theodoret von Kyrros) ins Spiel zu bringen, und weist zur Begründung auf ein völliges Ungleichgewicht zwischen angenommenem Ziel und benutzten Mitteln (besonders dem gewaltigen philosophischen Aufwand!) hin, begeht aber wohl den gleichen Fehler mangelnder Einbettung seines Lösungsvorschlags in ein Gesamtverständnis des CA.

gedanklichen Bewältigung von ihm empfundener dogmatischer Probleme verdankte. Bedenkenträgern kann nur empfohlen werden: *tolle lege* („Nimm und lies"), lies, was B. Schomakers in seinem glänzenden Beitrag („An unknown *Elements of Theology*? On Proclus as the model for *Hierotheos* in the Dionysian Corpus") dazu zusammengetragen und an Überlegungen angestellt hat.[19] Und wie er zu zeigen vermochte, dass sich Dionysios immer wieder im Dialog mit Proklos befindet, indem er dessen Lehre seinen eigenen philosophischen und christlichen Bedürfnissen anpasst, so ist in einem weiteren Beitrag zu der hier begrüßten Sammlung plausibel gemacht worden, dass seine Ausführungen eine besondere Nähe nicht nur zu Proklos, sondern auch zu Damaskios erkennen lassen, verbunden mit energischer Kritik, wann immer dieser in kaum verhüllter Form dem christlichen Dogma den Boden zu entziehen sucht.[20] Das hat dann auch Konsequenzen für die Datierung des CA – und lässt die immer wieder einmal unverdrossen vorgeschlagene Identifizierung des Verfassers mit Damaskios vollends als obsolet erscheinen![21]

Vor diesem Hintergrund will nun auch das Folgende betrachtet werden, obwohl es auf den ersten Blick gar nichts damit zu tun hat. Es schließt sich einem ersten Textauszug aus Brief 7 an, der lautet:

[Mag Apollophanes es drehen und wenden, wie er will, und die Beweiskraft des Gesagten aus Unwissenheit oder Unerfahrenheit

---

[19] Schomakers (2017). Sein wohlbegründetes Fazit lautet: „Proclus … offers a doctrinal foundation for the Dionysian system but at the same time Dionysius is dialoguing with Proclus, adapting his doctrine to suit his philosophical and Christian needs" (192).

[20] S. Mainoldi (2017).

[21] Damit ist Schomakers' *Datierungs*vorschlag hinfällig (s. Schomakers [2017], 184, Anm. 2).

in Abrede stellen:] Stelle ihm jedoch die Frage: ‚Was hältst du von jener Sonnenfinsternis während der Kreuzigung des Erlösers?' Denn damals waren wir beide nahe Heliopolis zugegen, haben nebeneinander gestanden und gesehen, wie auf wunderbare Weise der Mond die Sonne verdeckte – denn ihr Zusammentreffen war nicht an der Zeit – ; von der neunten Stunde an bis zum Abend behielt er wiederum auf übernatürliche Weise seine Position auf der der Sonne diametral entgegengesetzten Seite. Erinnere ihn aber auch noch an etwas anderes: er weiß wohl noch, dass wir diese Sonnenfinsternis haben im Osten beginnen und sich bis zum anderen Ende der Sonne erstrecken (oder: den Rand der Sonne erreichen) und dann wieder zurückgehen sehen, so dass die Verfinsterung und die Rückkehr des Lichts (die Aufklarung) nicht von demselben Punkt ausgingen, sondern von der genau entgegengesetzten (Sonnen-) Seite (Εἰπὲ δὲ αὐτῷ· Τί λέγεις περὶ τῆς ἐν τῷ σωτηρίῳ σταυρῷ γεγονυίας ἐκλείψεως; Ἀμφοτέρω γὰρ τότε κατὰ Ἡλιούπολιν ἅμα παρόντε καὶ συνεστῶτε παραδόξως τῷ ἡλίῳ τὴν σελήνην ἐμπίπτουσαν ἑωρῶμεν – οὐ γὰρ ἦν συνόδου καιρός – · αὖθις τε αὐτὴν ἀπὸ τῆς ἐνάτης ὥρας ἄχρι τῆς ἑσπέρας εἰς τὸ τοῦ ἡλίου διάμετρον ὑπερφυῶς ἀντικαταστᾶσαν. Ἀνάμνησον δέ τι καὶ ἕτερον αὐτόν· οἶδε γάρ, ὅτι καὶ τὴν ἔμπτωσιν αὐτὴν ἐξ ἀνατολῶν ἑωράκαμεν ἀρξαμένην καὶ μέχρι τοῦ ἡλιακοῦ πέρατος ἐλθοῦσαν, εἶτα ἀναποδίσασαν καὶ αὖθις οὐκ ἐκ τοῦ αὐτοῦ καὶ τὴν ἔμπτωσιν καὶ τὴν ἀνακάθαρσιν, ἀλλ᾽ ἐκ τοῦ κατὰ διάμετρον ἐναντίου γεγενημένην [Ep. 7, 2 (169, 1–10) Ritter]).

Zum Zusammenhang lediglich so viel: Es ist DA vom Empfänger des Briefes, Bischof Polykarp, berichtet worden, ein gewisser „Sophist" namens Apollophanes[22] setze ihn herab

[22] Zu diesem Pseudonym vgl. die (ungedruckte) Augsburger Habilitationsschrift von F. Mali (Mali [1997], 237–249. Danach ist es „wesentlich wahrscheinlicher …, dass der Verfasser des CD das Pseudonym Apollophanes vom Mann der Stratonike übernimmt, der in der Rezension des (sc. für DA und seine Umwelt) „kanonischen" 3. Korintherbriefes erwähnt wird und dort die Verhaftung des Apostels Paulus bewirkt haben könnte, als dass er (sc. woran die Suda [D 1170] gedacht

und nenne ihn einen „Vatermörder“ (πατραλοίας[23]), weil er von den Errungenschaften der ‚Heiden‘ (ἕλληνες) unfairen Gebrauch mache, um sie wider die ‚Heiden‘ zu nutzen. Es käme, kontert DA, der Wahrheit bedeutend näher, wenn man Apollophanes entgegenhielte: „es sind Heiden, die sich in unfairer Weise (οὐχ ὁσίως) der göttlichen Gaben als Waffen wider das Göttliche bedienen, indem sie die Weisheit, (die doch) von Gott (herrührt), zu dem Versuch (miss-)brauchen, die Ehrfurcht gegenüber Gott (θεῖον … σέβας) auszutreiben.“[24] Wahre Philosophen, zu denen der „Sophist“ für unseren Autor allem Anschein nach nicht zählt, zeichne es aus, dass sie sich „von der Erkenntnis der Dinge, die bei ihm (sc. Apollophanes) den schönen Namen ‚Philosophie‘ trägt, während der hl. Paulus von ihr als ‚Weisheit Gottes‘ spricht,[25] zum Ursprung der Dinge sowohl als auch ihrer Erkenntnis emporführen lassen.“[26]

Anders jedoch, als man es hiernach erwarten sollte, wird im folgenden der Beweis für den göttlichen Urheber alles Seienden wie auch für die Ermöglichung jeglicher Gotteserkenntnis nicht aus den Ordnungen und Gesetzmäßigkeiten, in diesem Falle: astronomischer Phänomene, sondern aus deren mirakulösen Irregularitäten geführt, und zwar zuerst aus zwei extraordinären, für DA nur auf „übernatürliche“ Weise erklärbaren astronomischen Erscheinungen,

---

hat) diesen Namen von einem sonst völlig unbekannten Sophisten des 1. Jahrhunderts übernimmt, der in keinen Zusammenhang mit dem Völkerapostel gebracht werden kann“ (249). Aber eben: das ist bestenfalls wahrscheinlich!

[23] Vgl. Platon, *Sph.* 241d u. ö.

[24] Vgl. Proklos, *in Ti.* 1, 293, 6f.

[25] I Kor 1, 21–24 u. ö.

[26] Vgl. Platon, *R.* 509b, 6–10; Prokl., *in Ti.* I 305, 8–11; DA, *Ep.* 7, 2 (166, 7–167, 2).

die er dem Alten Testament entnimmt und deren „Abweichen von der Ordnung und Bewegung des Gestirnhimmels“ (τῆς οὐρανίας … παρατραπῆναι τάξεως καὶ κινήσεως)[27] in seinen Augen eine göttliche Intervention voraussetzt. Es geht zum einen um den Stillstand von Sonne und Mond auf das Gebet des Josua hin, bei der Entsetzung von Gibeon (Jos 10, 12–14); zum andern um das II Kön 20 berichtete Rückwärtswandern des Schattens auf der Sonnenuhr und dann wieder Vorwärtseilen um jeweils 10 Stunden. Infolgedessen wurde dreimal dieselbe Zeitspanne durchmessen, zum Zeichen für den todkranken König Hiskia, dass sein bußfertiges Gebet erhört worden sei und seine Genesung unmittelbar bevorstehe.

Krönendes Beispiel für das Eingreifen Gottes in den Lauf der Gestirne aber ist erst die „Sonnenfinsternis während der Kreuzigung des Erlösers“. Und damit sind wir bei unserem 1. Textbeispiel selbst angelangt. Ich begnüge mich erneut mit wenigen Erläuterungen:

In die Aufzählung paradoxer[28] astronomischer Erscheinungen wird hier also die Finsternis am Todestag Jesu eingereiht, über die im Neuen Testament, bei den sog. „Synoptikern“, Folgendes zu lesen steht:

[27] Ebenda (167, 4 f.).

[28] Παράδοξος könnte in diesem Zusammenhang in der Tat, muss aber nicht im strikten Sinne von „der (wissenschaftlichen Lehr-)Meinung widersprechend“ zu verstehen sein, wie Mali (1997), 24, meint.

Von der sechsten Stunde an kam eine Finsternis übers ganze Land bis zur neunten Stunde (Ἀπὸ δὲ ἕκτης ὥρας σκότος ἐγένετο ἐπὶ πᾶσαν τὴν γῆν ἕως ὥρας ἐνάτης [Mt 27, 45]).

Und zur sechsten Stunde kam eine Finsternis übers ganze Land bis zur neunten Stunde (Καὶ γενομένης ὥρας ἕκτης σκότος ἐγένετο ἐφ' ὅλην τὴν γῆν ἕως ὥρας ἐνάτης [Mk 15, 33).

(44) Und es war bereits um die sechste Stunde, und es kam eine Finsternis übers ganze Land bis zur neunten Stunde, (45) und die Sonne verlor ihren Schein, und der Vorhang im Tempel zerriss (Καὶ ἦν ἤδη ὡσεὶ ὥρα ἕκτη καὶ σκότος ἐγένετο ἐφ' ὅλην τῆν γῆν ἕως ὥρας ἐνάτης τοῦ ἡλίου ἐκλιπόντος, ἐσχίσθη δὲ τὸ καταπέτασμα τοῦ ναοῦ μέσον [Lk 23, 44 f.]).

Es ist an dieser Stelle weder möglich noch unbedingt nötig, sich auf die exegetische Fachdiskussion über diese Verse näher einzulassen, da es uns mehr um deren Deutung durch DA zu tun ist. Für diesen Zweck genügt die Vergewisserung, dass die „Finsternis" (σκότος), von der alle drei Synoptiker aussagen, sie habe sich, um die Mittagszeit des Todestages Jesu beginnend und bis zur neunten Stunde anhaltend, über das „ganze Land" (Israel) bzw. über die „ganze Erde" verbreitet, nach überwiegender Auffassung der Fachleute kein natürlicherweise erklärbares Phänomen wie z.B. eine Bewölkung des Himmels oder Schirokko-Dunst,[29]sondern ein kosmisches Wunder bezeichnen soll.

[29] Daran dachten etwa M.J. Lagrange und J. Schmid in ihren Kommentaren zum Markusevangelium (in: Études Bibliques, Paris

Sie ist wohl auch nicht – wie ähnliche Wunder, die etwa beim Tod berühmter Rabbinen,[30] des Philosophen Karneades[31] oder Julius Caesars[32] geschehen sein sollen – als Ausdruck der Trauer, geschweige denn, als ein unglückbringendes „Vorzeichen" (σημεῖον)[33] zu verstehen. Anknüpfungspunkt ist vielmehr die prophetisch-apokalyptische Tradition, in der die Finsternis als Vorzeichen des Endes und der Gerichtskatastrophe[34] bekannt ist. Seit alters wird hierfür an ein Wort beim Propheten Amos vom Tage Jahwes erinnert: „Zur selben Zeit, spricht Gott der HERR, will ich die Sonne am Mittag untergehen und das Land am hellen Tage finster werden lassen" (Am 8, 9).

Einzig der Lukasevangelist spricht ausdrücklich von einer *Sonnen*finsternis. Allerdings ist der Text hier, wie der kritische Apparat bei Nestle-Aland lehrt, unsicher überliefert. Neben der Lesart τοῦ ἡλίου ἐκλιπόντος ist auch das Präsens ἐκλείποντος überliefert. Verstünde man dann noch ἐκλείπω im ursprünglich wohl unbestimmteren Sinne von

---

[1929] ²1947, bzw. im Regensburger Neuen Testament, 2, Regensburg [1938] ⁵1963), jeweils zur Stelle (15, 33).

[30] S. die Nachweise bei H. L. STRACK/P. BILLERBECK, Kommentar zum Neuen Testament aus Talmud und Midrasch, I, München (1922) ²1956, 1040f.

[31] Vgl. Diog.Laert., 4, 64.

[32] Vgl. Vergil., *Georg.* 1, 463–468.

[33] Vgl. Plutarch., *Pel.* (§ 31); ich verdanke die drei letztgenannten Parallelstellen K. BERGER/C. COLPE (Hgg.), Religionsgeschichtliches Textbuch zum Neuen Testament, Göttingen 1987 (Texte zum Neuen Testament 1), 88.

[34] Das Sterben Jesu wird bei Matthäus ganz ähnlich geschildert wie die Zeichen des Jüngsten Tages: vgl. Mt 24, 29 mit Parallelen, und dazu noch immer J. SCHREIBER, Theologie des Vertrauens. Eine redaktionelle Untersuchung des Markusevangeliums, Hamburg 1967, 33–40. Der Sinn ist: Noch gewinnen die Mächte der Finsternis einmal die Oberhand; aber das Gericht Gottes kündigt sich bereits an!

„nachlassen, schwächer werden, schwinden", so wäre ein Anstoß vermieden, von dem gleich noch geredet werden muss.

Genau darin könnte allerdings auch das Motiv einer nachträglichen Änderung durch Abschreiber zu sehen sein, so dass man der jetzigen Textlesart (ἐκλιπόντος) als der „schwierigeren" *(lectio difficilior)* den Vorzug geben wird, wie es in der exegtischen Literatur heutzutage, wenn ich recht sehe, ja auch durchweg geschieht. Und das umso mehr, als sie von der anderen, von vielen Handschriften überlieferten Lesart inhaltlich gestützt wird, die da lautet: καὶ ἐσκοτίσθη ὁ ἥλιος („und die Sonne verfinsterte sich").

Wie versteht nun DA diese Evangelienüberlieferung? Er deutet die Dunkelheit am Todestag Jesu – im Anschluss an Lukas – fraglos als eine Sonnenfinsternis und gebraucht auch die entsprechenden Termini: ἔκλειψις (Eklipse, [„Sonnen- oder Mond-]Finsternis") sowie ἔμπτωσις (Verdecken" [der Sonne durch den Mond] bzw. „Fallen" [des Mondes auf die Sonne]). Da aber Jesus, zumindest nach der Chronologie des Johannesevangelisten,[35] am Vortag des Passafestes gekreuzigt wurde, muss zu dieser Zeit Vollmond gewesen sein, entsprechend der üblichen Berechnung von Passa nach dem ersten Vollmond, der auf die Frühjahrstagundnachtgleiche folgt. Bei diesem Stand der Dinge oder richtiger der Gestirne ist eine – nur bei Neumond mögliche – Sonnenfinsternis, wie auch die Alten sehr genau wußten, natürlicherweise gänzlich ausgeschlossen. Dem Zeugnis der Synoptiker zufolge dauerte die Finsternis von der sechsten bis zur neunten Stunde (d. h. von 12/13 bis 15/16 Uhr). In dieser Zeit war Neumond, da eine Sonnenfinsternis dies zwin-

---

[35] Vgl. dazu in Kurzfassung G. THEISSEN/A. MERZ, Der historische Jesus, Göttingen 1996, 152–155.

gend voraussetzt; vorher und nachher aber war alles, wie es an Passa zu sein pflegt, normal, regulär, also: Vollmond. – Wie ist dies erklärbar? Auf *diese* Frage – und nur auf sie – sucht unser Autor eine Antwort.[36]

Um den ungläubigen „Sophisten“ Apollophanes für die in seinen eigenen Augen einzig mögliche Erklärung, dass nämlich „allein Christus, der Allverursacher“, dafür verantwortlich sein könne,[37] aufzuschließen, lässt ihn DA daran erinnern, dass sie beide, Seit’ an Seite, von „Heliopolis“ aus Augenzeugen jener „Sonnenfinsternis während der Kreuzigung des Erlösers“ gewesen seien, die demnach über beiden Orten, Jerusalem (Golgatha) und „Heliopolis“, sichtbar oder doch wenigstens irgendwie wahrnehmbar gewesen wäre.

Gewiss ist die Wahl dieses Ortsnamens beziehungsreich und ganz und gar nicht zufällig. Es ist nur die Frage, auf welche Fährte wir damit gelockt werden sollen.[38] In Betracht käme das *syrische* Heliopolis, das heutige Baalbek im Libanon. Dort war die Sonnenfinsternis vom 14.1.484, und zwar als eine totale, sichtbar, die Marinos aus Neapolis (Sichem), der Nachfolger und Biograph des Proklos, kurz nach Sonnenaufgang *in Athen* beobachtet hatte und die er als Vorzeichen für das nahe bevorstehendende „Verlöschen“

[36] So völlig mit Recht MALI (1997), 23.

[37] Vgl. Ep. 7, 2 Ende (169, 11–13 Ritter).

[38] Wie M. A. KUGENER, Une traité astronomique et météorologique syriaque attribué à Denys l’Aréopagite, in: Actes du XIVe Congrès Int. des Orientalistes (Alger 1905), II, Paris 1907, 137–198 (hier: 342), gezeigt hat, läßt sich dieselbe Unsicherheit schon früh nachweisen; sie hat sich auch bereits in der syrischen und koptischen handschriftlichen Überlieferung der apokryphen Autobiographie des DA niedergeschlagen; vgl. ferner U. RIEDINGER, Pseudo-Dionysios Areopagites, Pseudo-Kaisarios und die Akoimeten, ByZ 52 (1959) 276–296; hier: 290, Anm. 57).

des „Lichts (in) der Philosophie“, nämlich des Proklos (gestorben am 17.4.485) deutete.[39] Aber auch von Damaskios, dem letzten Schulhaupt der Athener Akademie, führt eine Spur ins syrische Heliopolis, wohin er zusammen mit Isidor, dem Nachfolger des Marinos und seinem eigenen Vorgänger, gereist war, um sich dort – womöglich von Asklepiades, von Beruf Astronom, der in der Nähe gelebt zu haben scheint und „ein Mann“ war, „wohlvertraut mit der ägyptischen Weisheit“ – Meteoriten zeigen und über sie viel Wunderbares erzählen zu lassen:[40] von einer Sonnenfinsternis ist hier allerdings nicht ausdrücklich die Rede.[41]

---

[39] Marinos, *v.Procl.* 37 (169, 42–52 Cobet): „Es geschahen jedoch auch Himmelszeichen vor dem Jahr des Ablebens (τελευτή); zum Beispiel eine Sonnenfinsternis (ἔκλειψις ἡ ἡλιακή), die so sichtbar war, dass es gar Nacht wurde am hellichten Tage (ὥστε καὶ νύκτα μεθ' ἡμέραν γενέσθαι). Tiefe Dunkelheit entstand, und Sterne waren zu erblicken. Diese (Sonnenfinsternis) geschah im Zeichen des Steinbocks am östlichen Himmel (ἐν αἰγοκέρωτι ἐγένετο κατὰ τὸ ἀνατολικὸν κέντρον). Die Kalenderschreiber verzeichneten jedoch auch eine andere, die am Ende des ersten Jahres stattfinden werde. Alle derartigen Himmelserscheinungen sollten Geschehnisse anzeigen, die sich auf Erden ereignen; uns aber zeigten sie eindeutig den Verlust und die Verfinsterung des Lichts in der Philosophie an (ἡμῖν δὲ σαφῶς ἐδήλωσε τὴν στέρησιν καὶ οἷον ἀπόλειψιν τοῦ ἐν φιλοσοφίᾳ φωτός)“ [zit. bei Mali (1997), 17, Anm. 14, mit Hinweis auf F.K. Ginzel, Spezieller Kanon der Sonnen- und Mondfinsternisse für das Ländergebiet der klassischen Altertumswissenschaften und den Zeitraum von 900 vor Chr. bis 600 nach Chr., Berlin 1899, 222]).

[40] Damaskios, *Isid.* 94 (138, 6–9 Zintzen): ὅτι κατὰ τὴν Ἡλιούπολιν τῆς Συρίας εἰς ὅρος τὸ τοῦ Λιβάνου τὸν Ἀσκληπιάδην ἀνελθεῖν φησι [ὁ Ἰσίδωρος], καὶ ἰδεῖν πολλὰ τῶν λεγομένων βαιτυλίων ἢ βαιτύλων, περὶ ὧν μυρία τερατολογεῖ ἄξια γλώσσης ἀσεβούσης. Λέγει δὲ καὶ ἑαυτὸν καὶ τὸν Ἰσίδωρον τοῦτο χρόνῳ ὕστερον θεάσασθαι.

[41] So mit Recht Mali (1997), 18.

Für das ägyptische Heliopolis spräche, wie mich vor vielen Jahren H. Görgemanns belehrt hat, nicht minder viel. Ich zitiere aus seinem Brief (vom 28.9.1984!):

Nun berichtet Strabo 17, 1, 30, daß außerhalb des ägyptischen Heliopolis eine σκοπή (Wachturm? Observatorium?) gezeigt werde (offenbar als historische Denkwürdigkeit), wo einst Eudoxos (von Knidos, Mitte des 4. Jahrhunderts v. Chr.) gewisse Himmelsbewegungen beobachtet habe (das ist eine Anspielung auf Eudoxos' Theorie der Planetenbahnen). Der Ort hat, offenbar als Örtlichkeitsname, die pluralische Bezeichnung Εὐδόξου σκοπαί, etwa ‚Warte des Eudoxos' (solche Plurale sind als geographische Namen häufig ...). Eine ähnliche Warte gebe es auch bei Knidos, der Heimatstadt des Eudoxos. Vermutung: Ps.-D. hat diese Überlieferung gekannt, entweder aus einer geographischen Quelle oder aus der Geschichte der Astronomie, mit der er sich ja sicher beschäftigt hat, und er hat diese historische ‚Warte' zum Schauplatz der Sonnenfinsternis-Beobachtung gemacht. Vielleicht spielt dabei eine Vorstellung des Verfassers mit, dass ehemals Ägypten ein Zentrum der Astronomie war. Das wäre ja ein schöner Zug von historischer Romantik, so wie wenn ein heutiger Autor eine bedeutsame Beobachtung bei einem Besuch in dem sagenumwobenen Schloss Uraniborg, dem Observatorium Tycho de Brahes, spielen ließe. In der Sternwarte des alten Heiden werden die Himmelszeichen der neuen Epoche gesehen ... .[42]

Auf diese – in der Tat (in mehrfacher Hinsicht) verlockende – Idee, dass DA das ägyptische Heliopolis, heute El-Matariya, ca. 4 km nordwestlich des Vorortes Misr al-Gadidah gelegenes Kairoer Quartier im Nordosten der Stadt, gemeint haben könnte, sind auch bereits der Scholiast Maximos „der Bekenner"[43] und später der Verfasser der Suda (ἡ Σοῦδα), des gegen Ende des 10. Jahrhunderts entstande-

---

[42] Zit. in: A.M. Ritter (1994), 125f.

[43] In einem Scholion zu Ep. 7, 2 (PG 4, 541C), das nach dem Urteil der besten Kennerin, B.R. Suchla, Maximos dem Bekenner zuzu-

nen, umfangreichen byzantinischen Lexikons, mit über 31 000 Lemmata,[44] gekommen. In diesem Heliopolis-Kairo war am 1.11.487 eine ringförmige Sonnenfinsternis zu beobachten, und zwar zu einer Tageszeit, die an die Angaben der Synoptiker („von der sechsten bis zur neunten Stunde") erinnert.[45] – Ob unser Autor, DA, diese Sonnenfinsternis erlebt und sein Erleben für sein Verständnis der Passionsgeschichte Jesu nutzbar gemacht hat?

Das setzte allerdings voraus, dass er keine *genaue* Vorstellung besaß, und zwar entweder von der Entfernung zwischen Jerusalem und Kairo oder von dem Durchmesser des Kernschattenfleckens, der bei Sonnenfinsternis auf der Erdoberfläche entsteht und infolge der Bahnbewegung des Mondes und der Erdrotation in west-östlicher Richtung wandert, dabei eine schmale Zone beschreibend, in der die Finsternis total wird – oder auch von beidem. Denn die Entfernung Jerusalem – Baalbek von etwa 270 und erst recht Jerusalem – Kairo von weit über 300 Kilometern ist viel zu groß, als dass eine totale Sonnenfinsternis über der „Schädelstätte" in Jerusalem noch von einem dieser beiden Orte aus hätte wahrgenommen werden können.[46]

Nun hat man dieser Schwierigkeit durch die Annahme entgehen wollen, dass „Dionysius und Apollophanes …

weisen ist (s. ihre briefliche Mitteilung an F. Mali vom 18.7.1996, zit. in dessen Habilitationsschrift [Mali (1997)], 19, Anm. 21).

[44] Suda, D1170(2, 106, 21–29 Adler).

[45] S. Th. v. Oppolzer, Canon der Finsternisse, Wien 1887, 162–163 (Blatt Nr. 81); Ginzel (1899), 34 f. 94. 114 (Karte XIV); ich verdanke diese Angaben Mali (1997), 57 f., der dort (Anm. 144) noch weitere, neuere Untersuchungen auflistet.

[46] Diese Beobachtung bildet in der Untersuchung von Mali (1997) den Ausgangspunkt für weit ausgreifende historisch-philologisch-astronomische Reflexionen, denen der ganze erste Teil gewidmet ist (15–62).

die Sonnenfinsternis auf einem *Modell* zu *simulieren* versucht(en)". D. h. sie hätten „sich an einem ‚sphärischen Astrolabium' oder ‚Ring-Astrolabium' die Vorgänge und möglichen Bahnen der Planeten ‚angeschaut' und ‚gesehen', dass sie im Rahmen der natürlichen Ordnungen und Bewegungen nicht erklärbar sind".[47] Ein solches sphärisches Astrolabium (bzw. eine Armillarsphäre) – als Modell des geozentrischen Weltsystems, das zur Aufgabe hat, die Länge und Breite der Sterne abzumessen[48] – ist zum ersten Mal von Ptolemaios[49] ausführlich beschrieben worden. Es konnte aufgrund seiner Konstruktion auf jeden beliebigen Standort einer bestimmten geographischen Breite und Länge eingestellt werden.[50] Auch Proklos hat sich dafür sehr interessiert und in seiner *Hypotyposis astronomicarum positionum* („Skizze der Gestirnstellungen") Bau und Gebrauch des Astrolabs beschrieben.[51] Überdies wissen wir von seinem Nachfolger Marinos, dass er „über den Kommentar des Pappos zum Buch V der *Großen Syntaxis* (sc. des Ptolemaios) Vorlesungen gehalten hat"[52], was ein ausgeprägtes Interesse des Athener Neuplatonismus an Mathematik und Astronomie – und so vielleicht auch bei einem Leser des Proklos wie DA! – verrät. Endlich „darf", so die weitere Begründung, „aus den Schriften des Ptolemäus geschlossen werden, dass eine solche Armillarsphäre in Unterägypten,

[47] Mali (1997), 28.

[48] Vgl. ebenda, 28f., mit Belegen.

[49] Ptolem., *Alm.* 5, 1; als Ganzes ist das Werk nur in arab. Übersetzung erhalten, ins Deutsche übers. v. L. Nix, in: J. L. Heiberg (Hg.), *C. Ptolemaei Opera astronomica minora*, Leipzig 1907, 110–145.

[50] Vgl. Neugebauer (871); zit. von Mali (1997), 31, Anm. 59.

[51] Proklos, *Hyp.* 6, 1.

[52] Neugebauer (1975), 1036–1037.

näherhin wohl auch in Heliopolis gestanden ist",[53] womit sich scheinbar der Kreis schließt und die Annahme aufdrängt, „dass Dionysius anhand einer solchen Armillarsphäre die sonderbaren astronomischen Phänomene", die er in seinem 7. Brief beschreibt, „nachzuahmen und nachzurechnen versucht hat".[54] Dazu hatten ja Ptolemaios und Proklos genügend Anleitung gegeben. DA und Apollophanes hätten dann „vor einem sphärischen Astrolabium gestanden ... und an diesem den Sonnen- und Mondlauf ‚gesehen' ..., wie ja in der Schulastronomie der Antike allgemein die Anschauung von Globen oder Karten vorherrschend war gegenüber der Beobachtung in der Natur".[55]

Diese ausgesprochen pfiffige Interpretation würde in der Tat den genannten Anstoß beseitigen, weil danach unser Autor gar nicht behauptete, „jene Sonnenfinsternis mit eigenen Augen gesehen zu haben, die am Todestag Jesu eingetreten sei und die er ohnedies", von „Heliopolis" aus, welchem auch immer, „kaum hätte beobachten können". DA biete „keine Schilderung der erlebten Sonnenfinsternis, sondern nur die anhand einer Armillarsphäre nachvollziehbare Hypothese zur Finsternis beim Tode Jesu, dass diese auf natürliche Weise, d.h. innerhalb der Gesetze der Astronomie, unerklärbar ist".[56]

Diese Interpretation hat jedoch den gravierenden Nachteil, ja, sie dürfte daran scheitern, dass sie die Vermeidung eines relativ geringfügigen Anstoßes (s.o.) mit einem zu hohen Preis erkauft. Es geschieht nämlich nichts Geringeres, als dass unterwegs das Beweisziel des DA völlig aus dem Blick gerät. Es geht diesem mitnichten darum, den wissen-

---

53 Mali (1997), 52, mit 32ff.
54 Ebenda, 52.
55 Ebenda, 54, mit Literaturbelegen.
56 Ebenda, 55f.

schaftlichen Nachweis zu erbringen, dass eine Sonnenfinsternis bei Vollmond „innerhalb der Gesetze der Astronomie" unerklärbar sei; denn das bestritt schon zu seiner Zeit sowieso kein Mensch, ob mit oder ohne Hilfe des sphärischen Astrolabs. Entscheidend ist für ihn vielmehr die „Augenzeugenschaft" des „Sophisten", dies, dass er, DA, Seit' an Seite mit Apollophanes, von „Heliopolis" als einem Zentrum antiker Himmelsbeobachtung aus, die völlig „unzeitgemäße" Eklipse *zur Sterbestunde Jesu* mitverfolgt habe, ein Naturphänomen, für das doch, wie auch der „Sophist" als ein „kluger Mann" (σοφὸν ὄντα)[57] nicht abstreiten werde und könne, eine natürliche Erklärung nicht zu Gebote stehe. Allein: das Phänomen selbst ist nicht aus (im Zweifelsfalle dubiosen) literarischen Quellen geschöpft oder am Modell simuliert, sondern durch „Augenzeugenschaft" erhärtet.

Wie DA das allerdings in allen Einzelheiten ausmalt und bewusst macht, was für Konsequenzen es habe, wenn man den Bericht des Lukasevangelisten über die Begleitumstände des Todes Jesu *buchstäblich* ernstnehme, das zeugt von einigen astronomischen Kenntnissen und *könnte* an einem sphärischen Astrolab simuliert worden sein.

Ob es freilich bei zeitgenössischen Philosophen, zumal mathematisch oder astronomisch versierten wie den Athenern, besonderen Eindruck machte, steht auf einem ganz anderen Blatt. Erst recht scheint es mir, nach dieser ‚Kostprobe' zumindest, schwer denkbar zu sein, dass DA, als ein christlicher Konvertit direkt und persönlich in die Auseinandersetzungen während der letzten Periode der Athener Akademie verwickelt, im Rückblick darauf, wenn auch versteckt, gegen einen ehemaligen Kollegen (!), Damaskios

[57] DA, Ep 7, 2 (167, 4).

(= Apollophanes?), polemisiert haben sollte, wie in einem der Istambuler Vorträge spekuliert wird.[58]

[58] S. Manoldi (2017), 214–217.

Bibliographie

Y. DE ANDIA, Denys l'Aréopagite. Tradition et metamorphoses, Paris 2006

Y. DE ANDIA, Pseudo-Denys l'Aréopagite. Les Noms Divins I–IV. Introd., trad. et notes p. Y. de A., Paris 2016 (SC 578); dieselbe, dasselbe V–XIII + La Théologie Mystique, Introd., trad. et notes p. Y de A., Paris 2016 (SC 579)

Y. DE ANDIA (Hg.), Denys l'Aréopagite et sa postérité en Orient et Occident. Actes du Colloque International (Paris, 21–24 sept. 1994), Paris 1997 (Collections des Études Augustiniennes. Série Antiquité 151)

A.H. ARMSTRONG, The Negative Theology in Later Platonism, in: H.D. Blume/F. Mann (Hgg.), Platonismus und Christentum (FS für H. Doerrie), Münster 1983 (JAC.E 10), 31–37

H. URS VON BALTHASAR, Herrlichkeit, eine theologische Ästhetik, II, 1, Einsiedeln 1969

W. BAUER, Der Apostolus der Syrer, Gießen 1903

L. BAUR, Cusanus-Texte III: Marginalien 1. Nicolaus Cusanus und Dionysius Areopagita im Lichte der Zitate und Randbemerkungen des Cusanus, Heidelberg 1940 (SHAW.PH 1940/41,4)

W. BEIERWALTES, Proklos. Grundzüge seiner Metaphysik, Frankfurt/M. 1965 (PhA 24)

W. BEIERWALTES, Platonismus und Idealismus, Frankfurt/M. 1972

W. BEIERWALTES, Denken des Einen, Frankfurt/M. 1985

W. BEIERWALTES, Identität und Differenz, Frankfurt/M. (1980) ²2001, (204–240) 182–227

W. BEIERWALTES, Platonismus im Christentum, Frankfurt/M., 3. erw. Aufl. 2014

T. BOIADJIEV u.a. (Hgg.), Die Dionysius-Rezeption im Mittelalter, Sofia 2000 (Archiv f. mittelalterl. Philos. u. Kultur 6)

B. Brons, Sekundäre Textpartien im Corpus Pseudo-Dionysiacum? Literarkritische Beobachtungen zu ausgewählten Textstellen, NAWG 1975/5, 99–140

B. Brons, Gott und die Seienden. Untersuchungen zum Verhältnis von neuplatonischer Metaphysik und christlicher Tradition bei Dionysius Areopagita, Göttingen 1976

D.D. Butorac/D.A. Layne (Hgg.), Proclus and his legacy, Berlin 2017 (Millennium Studies 65)

Ph. Chevalier, *Dionysiaca.* Recueil donnant l'ensemble des traductions latines des ouvrages attribués à Denys l'Aréopagite …, 2 Bde., Bruges 1937–1950

S. Coakley/C.M. Stang (Hgg.), Re-Thinking Dionysius the Areopagite, Malden/MA. u.a. 2009

A. Dihle, Das Gebet der Philosophen, in: E. Campi u.a. (Hgg.), Oratio. Das Gebet in patristischer und reformatorischer Sicht (FS für A. Schindler), Göttingen 1999, 23–41

J.M. Dillon, „Dionysius the Areopagite", in: Gersh (2014), 111–124

Dionigi Areopagita. Tutte le Opere. Testo greco a fronte. Introduzione di G. Reale. Traduzione di P. Scazzoso. Revisione di I. Ramelli. Saggio introduttivo, prefazioni, parafrasi, note e indici di E. Bellini. Saggio integrativo di C.M. Mazzucchi, Milano 2009

H. Dörrie, Der hellenistische Rahmen des kaiserzeitlichen Platonismus, hg. u. bearb. v. M. Baltes u.a., Stuttgart-Bad Cannstatt 1990

F. Drews, Methexis, Rationalität und Mystik in der *Kirchlichen Hierarchie* des Dionysius Areopagita, Berlin 2011 (Aktuelle Antike. Beträge zur Literatur der Griechen und Römer 5)

B. Ego, „Es gibt sieben Himmel" (bHag 12b). Eine Überlieferung vom Aufbau der Welt im Kontext der rabbinischen Literatur, in: J. Hübner u.a. (Hgg.), Theologie und Kosmologie. Geschichte und Erwartungen für das gegenwärtige Gespräch, Tübingen 2004, 81–97

M. Erler, Interpretieren als Gottesdienst. Proklos' Hymnen vor dem Hintergrund seines Kratylos-Kommentars, in: G. Boss/ G.

Seel (Hgg.), Proclus et son influence (Actes du Colloque de Neuchâtel 1985), Neuchâtel 1986, 179–217

M. van Esbroeck, Peter the Iberian and Dionysius the Areopagite: Honigmann's Thesis Revisited, OCP 59 (1993) 217–227

J. van Ess, Arabischer Neuplatonismus und islamische Theologie – Eine Skizze, in: Khoury/Halfwassen (Hgg. [2005]), 103–117

H.P. Esser, Untersuchungen zu Gebet und Gottesverehrung der Neuplatoniker, Diss. Köln 1967

W. Fenske, ‚Und wenn ihr betet …' (Mt 6,5). Gebete in der zwischen-menschlichen Kommunikation der Antike als Ausdruck der Frömmigkeit, Göttingen 1996 (StUNT 21)

K. Flasch, Das philosophische Denken im Mittelalter, Stuttgart (1986) [3]2013

P. Fraenkel, *Testimonia Patrum,* Genf 1961 (THR 46)

P. Fraenkel, An der Grenze von Luthers Einfluß: Aversion gegen Umwertung, ZKG 89 (1978) 21–30

K. Froehlich, Pseudo-Dionysius and the Reformation of the Sixteenth Century, in: Pseudo-Dionysius (1987), 33–46

S. Gersh (Hg.), Interpreting Proclus. From Antiquity to the Renaissance, Cambridge 2014

F.K. Ginzel, Spezieller Kanon der Sonnen- und Mondfinsternisse für das Ländergebiet der klassischen Altertumswissenschaften und den Zeitraum von 900 vor Chr. bis 600 nach Chr., Berlin 1899

A. Golitzin, *Et introibo ad altare Dei.* The mystagogy of Dionysius Areopagita with special reference to its predecessors in the Eastern Christian tradition, Thessaloniki 1994 (ΑΝΑΛΕΚΤΑ ΒΛΑΤΑΔΩΝ)

A. Golitzin, Revisiting the ‚Sudden': Epistle III in the *Corpus Dionysianum,* in: StPatr 37 (2001), 482–491

A. Golitzin, Dionysius Areopagites in the works of Saint Gregory Palamas: On the Question of a ‚Christological Corrective' and Related Matters, SVTQ 46 [2002] 163–190; wieder abgedr. in: *Scrinium* 3, St. Petersburg 2007, 83–105

A. Golitzin, Mystagogy. A Monastic Reading of Dionysius Areopagita, Collegeville 2013

H. Goltz, HIERA MESITEIA. Zur Theorie der hierarchischen Sozietät im Corpus Areopagiticum, Erlangen 1974 (Oikonomia 4)

W. L. Gombocz, Dionys vom Areopag als Theosoph: Eine philosophische Gotteslehre, in: T. Boiadjiev u. a. (2000), 149–164 (im wesentlichen identisch mit dem Dionyskapitel in: W. L. Gombocz, Die Philosophie der ausgehenden Antike und des frühen Mittelalters = W. Röd [Hg.], Geschichte der Philosophie, Bd. IV, München 1997, 318–331)

H. Grondijs, The Patristic origins of Gregory Palamas' doctrine of God, in: StPatr 5 (1962) 323–328

Th. Hainthaler (Hg.), Die Kirchen von Jerusalem und Antiochien nach 451 bis 600, Freiburg u. a. 2002 (= A. Grillmeier, Jesus der Christus im Glauben der Kirchen, Bd. 2/3)

J. Halfwassen, Plotin und der Neuplatonismus, München 2004 (Becksche Reihe Denker 570)

B. Hamm, Hieronymus-Begeisterung und Augustinismus vor der Reformation. Beobachtungen zur Beziehung zwischen Humanismus und Frömmigkeitstheologie (am Beispiel Nürnbergs), in: K. Hagen (Hg.), Augustine, the Harvest, and Theology (1300–1650). Essays Dedicated to Heiko Augustinus Oberman in Honor of his Sixtieth Birthday, Leiden 1990, 127–235

R. F. Hathaway, Hierarchy and the Definition of Order in the Letters of Pseudo-Dionysius, Den Haag 1969

S. Hausammann, Das Christusbekenntnis in Ost und West. Zur Geschichte der Theologie im 4./5. Jahrhundert: Chalkedon – Trullanum II (Germanenmission, Bilderstreit), Neukirchen 2004

E. Hoffmann/R. Klibansky (Hgg.), *Nicolai de Cusa. Opera Philosophica* I, Leipzig 1932

E. Honigmann, Pierre l'Iberien et les écrits du Pseudo-Denys l'Aréopagite, Brüssel 1952

E. v. Ivanka, Plato Christianus. Übernahme und Umgestaltung des Platonismus durch die Väter, Einsiedeln 1964

É. Jeauneau, Denys l'Aréopagite, promoteur du néoplatonisme en Occident, in: L. G. Benakis (Hg.), Néoplatonisme et philosophie médiévale (Actes du Colloque internationale de Corfou [6.–8. Okt. 1995]), Turnhout 1997, 1–23

E. JÜNGEL Gott als Geheimnis der Welt. Zur Begründung der Theologie des Gekreuzigten im Streit zwischen Theismus und Atheismus, Tübingen (1977) 72001

Th. KOBUSCH, Dionysius Areopagita (um 500), in: Klassiker der Religionsphilosophie, hg. v. F. Niewöhner, München 1995, 84–98

H. KOCH, Der pseudepigraphische Charakter der dionysischen Schriften, ThQ 77 (1995) 353–420 (= KOCH [1895a])

H. KOCH, Proklus als Quelle des Pseudo-Dionysius Areopagita in der Lehre vom Bösen, Philologus 54 (1895) 438–454 (= KOCH [1895b])

H. KOCH, Pseudo-Dionysius Areopagita in seinen Beziehungen zum Neuplatonismus und Mysterienwesen, Mainz 1900 (= Koch [1900a])

H. KOCH, Zur Geschichte der Bußdisziplin und Bußgewalt in der orientalischen Kirche, HJ 21 (1900b) 58–78

R.G. KHOURY/J. HALFWASSEN in Verbindung mit F. MUSALL (Hgg.), Platonismus im Orient und Okzident. Neuplatonische Denkstrukturen im Judentum, Christentum und Islam, Heidelberg 2005

P. DE LABRIOLLE, La réaction paienne, Paris (1934) 101950; Neuaufl. Paris 2005

T. LANKILA, A Crypto-Pagan Reading of the Figure of Hierotheos and the „Dormition“ Passage in the Corpus Areopagiticum, in: BUTORAC/LAYNE (Hgg. [2017]), 175–182

S. LILLA, Pseudo-Denys l'Aréopagite, Porphyre et Damascius, in: DE ANDIA (Hg.), Denys l'Aréopagite (1997), 117–152

V. LOSSKY, Essai sur la théologie mystique dans l'église d'Orient, Paris 1944 (englisch u.d.T., The Mystical Theology of the Eastern Church, Crestwood 1976)

A. LOUTH, The influence of Denys the Areopagite on Eastern and Western spirituality in the fourteenth century, Sob. 4 (1981) 185–200

A. LOUTH, Denys the Areopagite, London 1989

A. LOUTH, The Reception of Dionysius up to Maximus the Confessor, in: COAKLEY/STANG (Hgg. [2009]), 43–53

A. LOUTH, The Reception of Dionysius in the Byzantine World: Maximus to Palamas, in: COAKLEY/STANG (Hgg. [2009]), 55–69

E.S. MAINOLDI, The Transfiguration of Proclus' Legacy: Pseudo-Dionysius and the Late Neoplatonic School of Athens, in: BUTORAC/LAYNE (2017),199–217

F. MALI, Eine erste Summa theologiae, Meitingen 1997 (= Kath.-theol. Habil.Schr. Augsburg)

F.S. MARSH, The Book which is called the Book of the Holy Hierotheos with extracts from the Prolegomena and Commentary of Theodosios of Antioch and from the „Book of Excerpts" and other works of Gregory Bar-Hebraeus, ed. and transl. by F.S.M., London 1927 (Nachdr. Farnborough 1969)

C.M. MAZZUCCHI, Damascio, autore del *Corpus Dionysiacum*, e il dialogo ΠΕΡΙ ΠΟΛΙΤΙΚΗΣ ΕΠΙΣΤΗΜΗΣ, in: DIONIGI AREOPAGITA (2009), 709–762

J. MEYENDORFF, Notes sur l'influence dionysienne en Orient, in: StPatr 2 (1957), 547–552

J. MEYENDORFF, Introduction à l'Étude de Grégoire Palamas, Paris 1959; engl. A Study of Gregory Palamas, London 1964

E. MÜHLENBERG, Das Verständnis des Bösen in neuplatonischer und frühchristlicher Sicht, KuD 15 (1969) 226–238

O. NEUGEBAUER, A History of Ancient Mathematical Astronomy, 3 Teile, Berlin 1975

S. NUTSUBIDZE, Geheimnis des Pseudo-Dionysius Areopagita, (in russ. Sprache) erschienen Tiflis/Tbilisi 1942

S. NUTSUBIDZE, Antikes philosophisches Erbe und Probleme der georgischen Philosophie (= Auszug aus: „Geschichte der georgischen Philosophie", in russ. Sprache in Tiflis 1960 veröffentlicht); von L. Gigineishvili ins Englische übersetzt und mit einem Vorwort von M. Makharadze versehen, 2013 unter demselben Titel (allerdings auf Englisch) in Tiflis erschienen (zit. NUTSUBIDZE [2013])

I. PERCZEL, Pseudo-Dionysius the Areopagite and the *Platonic*

Theology. A Preliminary Study, in: Segonds/Steel (Hgg. [2000]), 491–532

E.-D. Perl, Pseudo-Dionysius, in: A Companion to Philosophy in the Middle Ages, ed. by J.E. Garcia/T.B. Noone, Malden, MA/Oxford 2001, 540–549

E. Perl, Theophany. The Neoplatonic Philosophy of Dionysius the Areopagite, Albany 2007

P. Pilhofer, Presbyteron Kreitton. Der Altersbeweis der jüdischen und christlichen Apologeten und seine Vorgeschichte, Tübingen 1990 (WUNT 2/39)

E. Des Places, La prière des philosophes grecs, in: Gr. 41 (1960) 253–272

Pseudo-Dionysius. The Complete Works, Transl. by C. Luibheid, Foreword, Notes and Translation Collaboration by P. Rorem, Preface by R. Roques, Introductions by J. Pelikan, J. Leclercq, and K. Froehlich, New York-Mahwah 1987 (The Classics of Western Spirituality)

A. Rayez, Influence du Pseudo-Denys en Orient, in: DSp 3 (1957) 286–318

R. Reichman, „Der Odem des Menschen ist eine Leuchte des Herrn“. Aharon Agus zum Gedenken, Heidelberg 2006 (Schriften der Hochschule für Jüdische Studien Heidelberg 9)

C. Riedweg/C. Horn/D. Wyrwa (Hgg.), Grundriss der Geschichte der Philosophie, begründet von F. Ueberweg. Völlig neubearb. Ausg., Bd. V. Spätantike, Basel 2018

J.M. Rist, In Search of the Divine Denis, in: W.S. McCullough (Hg.), The Seed of Wisdom. Essays in Honour of T.J. Meek, Toronto 1964, 118–139

J.M. Rist, Pseudo-Dionysius. Neoplatonism and the weakness of the soul, in: H.J. Westra (Hg.), From Athens to Chartres. Neoplatonism and Medieval Thought (FS f. Edouard Jeauneau [STGMA 35]), Leiden u.a. 1992, 135–161

A.M. Ritter (Hg.), Pseudo-Dionysius Areopagita, Über die Mystische Theologie und Briefe, eingel., übers. u. m. Anm. vers. v. A.M.R., Stuttgart 1994 (BGrL 40)

A.M. Ritter, Proclus Christianizans? Zur geistesgeschichtlichen

Verortung des Dionysius Ps.-Areopagita, in: M. Wacht (Hg.), Panchaia (FS f. K. Thraede), Münster 1995 (JAC.E 22), 169–181

A. M. RITTER, Gregor Palamas als Leser des Dionysius Ps.-Areopagita, in: DE ANDIA (Hg. [1997]), 565–579; überarb. auch in: K.Ch. Felmy u. a. (Hgg.), F. v. Lilienfeld, Sophia – Die Weisheit Gottes. Gesammelte Aufsätze 1983–1995, Erlangen 1997 (Oik. 36), 554–568

A. M. RITTER, Sokrates und Christus. Ein Brief an Herwig Görgemanns, in: M. Baumbach u. a. (Hgg.), Mousopolos Stephanos. Festschrift für Herwig Görgemanns, Heidelberg 1998, 8–19

A. M. RITTER, Die Lichtmethaphorik bei Dionysius Ps.-Areopagita und in seinem Wirkbereich, in: R. Bernhardt/U. Link-Wieczorek (Hgg.), Metapher und Wirklichkeit (FS f. Dietrich Ritschl), Göttingen 1999,164–178

A. M. RITTER, Israel als Gegenüber der griechischen Kirche in vorislamischer Zeit, in: F. Siegert (Hg.), Israel als Gegenüber. Vom Alten Orient bis in die Gegenwart, Göttingen 2000 (SIJD 5), 202–217

A. M. RITTER, Gebet und Gottesverehrung bei Proklus und Dionysius Pseudo-Areopagita (2000; wieder abgedr. in: RITTER [2003], 130–139, wonach hier zitiert wird)

A. M. RITTER, Vom Glauben der Christen und seiner Bewährung in Denken und Handeln. Gesammelte Aufsätze zur Kirchengeschichte, Cambridge-Mandelbachtal 2003 (Texts and Studies in the History of Theology 8)

A. M. RITTER, Dionysius Pseudo-Areopagita und der Neuplatonismus (im Gespräch mit neuerer Literatur), ΦΙΛΟΘΕΟΣ (Belgrad) 4 (2004) 260–275

A. M. RITTER, The Figure of the Hierarch as Sanctifier in the Corpus Areopagiticum and Its Ecclesiological Outcome: Some Comments, The Jurist 66 (2006): 1, Washington, DC 2006 (Themenheft mit den Akten des interdisziplinären Symposiums im Angelicum zu Rom über „The Relation between Bishop and the Local Church. Old and New Questions in Ecumenical Perspective“ [1.–3. Dez. 2005]), 164–173), in ital. Übers. (durch G. Boschi) in: La relazione fra il vescovo e la Chiesa locale, Venezia 2007, 159–172

A. M. RITTER, The Beginnings of A.I.E.P., in: B. Bitton-Ashkenasy e.a. (Hgg.), Patristic Studies in the Twenty-First Century. Proceedings of an International Conferenference to mark the 50th Anniversary of the A.I.E.P., Turnhout 2015, 195–207

R. ROQUES, Denys l'Aréopagite [le Pseudo], I–III. in: DSp 3 [1954] 244–286

R. ROQUES, L'Univers dionysien. Structure hiérarchique du monde selon le Pseudo-Denys, Paris 1954 (Theol[P]19); Nachdr. Paris 1983

P. ROREM, Jamblichus and the Anagogical Method in Pseudo-Dionysius' Liturgical Theology, in: StPatr 18 (1979) 453–460

P. ROREM, Biblical and liturgical symbols within the Pseudo-Dionysian synthesis, Toronto 1984 (Studies and Texts/Pontifical Institute of Medieval Studies 71)

P. ROREM, Pseudo-Dionysius. A Commentary on the Texts and an Introduction to their Influence, New York/Oxford 1993

P. ROREM, The doctrinal Concerns of the First Dionysian Scholiast, John of Scythopolis, in: DE ANDIA (Hg. [1997]), 187–200 (wieder abgedr. in: ROREM [2015], 61–78)

P. ROREM, Eriugena's Commentary on the Dionysian *Celestial Hierarchy,* Toronto 2005 (Studies and Texts 150)

P. ROREM, The Dionysian Mystical Theology, Minneapolis 2015

P. ROREM/J. C. LAMOREAUX, John of Scythopolis and the Dionysian Corpus. Annotating the Areopagite, Oxford 1998

M.-J. RUBENSTEIN, Dionysius, Derrida, and the Critique of „Ontotheology", in: COAKLEY/STANG (2009), 195–211

C. SCHÄFER, Unde malum. Die Frage nach dem Woher des Bösen bei Plotin, Augustinus und Dionysius, Würzburg 2002

C. SCHÄFER, The Philosophy of Dionysius the Areopagite. An Introduction to the structure and the content of the treatise on the divine names, Leiden/Boston 2006 (Philosophia Antiqua 99)

P. SCHÄFER, Die Geburt des Judentums aus dem Geist des Christentums, Tübingen 2010 (Tria Corda. Jenaer Vorlesungen zu Judentum, Antike und Christentum 6)

P. SCHÄFER, Die Ursprünge der jüdischen Mystik, Berlin 2011

B. Schomakers/C. Steel, Art. Proklos, RAC Lfg. 219, Stuttgart 2016, 232–261

B. Schomakers, An unknown *Elements of Theology*? On Proclus as the model for the *Hierotheos* in the Dionysian Corpus, in: Butorac/Layne (2017), 183–197

A.P. Segonds/C. Steel (Hgg.), Proclus et la théologie platonicienne. Actes du Colloque International de Louvain (13–16 mai 1998) en l'honneur de H.D. Saffrey et L.G. Westerink, Leuven-Paris 2000

C.M. Stang, Apophasis and Pseudonymity in Dionysius the Areopagite. „No Longer I", Oxford 2012 (Oxford Early Christian Studies)

C. Steel, Proclus et Denys: De l'existence du mal, in: de Andia (Hg. [1997]), 89–116

E. Stein, Wege der Gotteserkenntnis. Studie zu Dionysius Areopagita und Übersetzung seiner Werke, bearb. u. eingel. v. B. Beckmann und V. Ranff, Freiburg u.a. 2003 (Edith Stein Gesamtausgabe 17)

J. Stiglmayr, Das Aufkommen der pseudo-dionysianischen Schriften und ihr Eindringen in die christliche Literatur bis zum Laterankonzil 649, Feldkirch 1894/1895 (Jahresbericht des öffentlichen Privatgymnasiums an der Stella Matutina zu Feldkirch 4)

J. Stiglmayr, Der Neuplatoniker Proclus als Vorlage des sogenannten Dionysius Areopagita in der Lehre vom Übel, HJ 16 (1895) 253–273. 721–748

W.-M. Stock, Theurgisches Denken. Zur ‚Kirchlichen Hierarchie' des Dionysius Areopagita, Berlin u.a. 2008 (Transformationen der Antike 4)

G.G. Stroumsa, Athens, Jerusalem and Mecca. The Patristic crucible of the Abrahamic religions, in: StPatr 62 (2013), 153–168

B.R. Suchla, Pseudo-Dionysius Areopagita. Die Namen Gottes, eingel., übers. u. m. Anm. vers. v. B.R.S., Stuttgart 1988 (BGrL 26)

B.R. Suchla (Hg.), CORPUS DIONYSIACUM I. Pseudo-Dionysius Areopagita *De divinis nominibus*, Berlin 1990 (PTS 33)

B.R. SUCHLA, Verteidigung eines platonischen Denkmodells einer christlichen Welt, Göttingen 1995 (NAWG. PH 1995, 1)

B.R. SUCHLA, Dionysius Areopagita. Das überfließend Eine, in: W. Geerlings (Hg.), Theologen der christlichen Antike, Darmstadt 2002, 202–220

B.R. SUCHLA, Dionysius Areopagita – ein Vater der Kirche, in: J. Arnold u.a. (Hgg.), Väter der Kirche. Ekklesiales Denken von den Anfängen bis in die Neuzeit (Festgabe f. H.J. Sieben), Paderborn 2004

B.R. SUCHLA, Dionysius Areopagita. Leben – Werk – Wirkung, Freiburg 2008

B.R. SUCHLA (Hg.), *Corpus Dionysiacum* IV/1. *Ioannis Scythopolitani prologus et scholia in Dionysii Areopagitae librum* De divinis nominibus *cum additamentis interpretum aliorum*, Berlin 2011 (PTS 62)

P.G. THÉRY, Scot Erigène traducteur de Denys, ALMA 6,2 (1931) 185278

J. VANNESTE, Le mystère de Dieu. Essai sur la structure rationelle de la doctrine mystique du Pseudo-Denys l'Aréopagite, Brüssel 1959

M VINZENT, ‚Oxbridge' in der ausgehenden Spätantike oder: Ein Vergleich der Schulen von Athen und Alexandrien, ZAC 4 (2000) 49–82

W. VÖLKER, Kontemplation und Ekstase bei Pseudo-Dionysius Areopagita, Wiesbaden 1958

E.J. WATTS, City and School in late antique Athens and Alexandria, Berkeley-Los Angeles-London 2006

S.K. WEAR/J. DILLON, Dionysius the Areopagite and the Neoplatonist Tradition: Despoiling the Hellenes, Aldershot 2007

K.P. WESCHE, Christological doctrine and liturgical interpretation in Pseudo-Dionysius, in: SVTQ 33 (1989) 53–73

G. WIESSNER, Zur Handschriftenüberlieferung der syrischen Fassung des Corpus Dionysiacum, Göttingen 1972 (NAWG 1972, 3)

R. WILLIAMS, The wound of knowledge. Christian Spirituality from the New Testament to St. John of the Cross, London (1979) ^{2}1990

C. Zintzen, Die Wertung von Mystik und Magie in der neuplatonischen Philosophie, in: RMP 108, 1965, 71–100 (in überarb. Form wiederabgedr. in: Ders. [Hg.], Die Philosophie des Neuplatonismus, Darmstadt 1977 [WdF 430)], 391–426)

Stellenregister

Im Wortlaut mitgeteilte und/oder diskutierte Stellen sind durch *Kursivierung* hervorgehoben, Verweisnester bleiben unberücksichtigt; stattdessen sei auf die benutzten Ausgaben verwiesen.

Andere Autoren

Personenregister

Sachregister